Organisierte Kriminalität in Deutschland Bd. 6

© 1997 Schmidt-Römhild
Deutschlands ältestes Verlags- und Druckhaus seit 1579
Lübeck · Berlin · Essen · Wiesbaden

– Alle Rechte vorbehalten –
Herstellung: Verlag Schmidt-Römhild, Essen
Umschlag: Grafik, Verlag Beleke
Druck: Schmidt-Römhild, Lübeck
ISBN: 3-7950-3805-7

W. Flormann (Herausgeber)
Reihe: Organisierte Kriminalität in Deutschland
Band 6

Holger Lemmel

Kosovo-Albaner in Deutschland

Eine Bedrohung für die innere Sicherheit?

Historie
Politik
Erkenntnisse
Analysen
Lagebilder
Bekämpfung
Prognosen - Szenario 2000

SCHMIDT RÖMHILD

DEUTSCHLANDS ÄLTESTES VERLAGS-UND DRUCKHAUS SEIT 1579

Anmerkungen des Verfassers

Nachdem der Autor mir das Manuskript angeboten und ich es oberflächlich gelesen hatte, kamen mir zunächst Zweifel, ob diese Abhandlung mit der Gesamtthematik nach der gängigen Meinung in einer OK-Schriftenreihe seinen Platz haben dürfte. Beim zweiten aufmerksamen Durcharbeiten wurden bei mir Erinnerungen an zwei dienstliche Ausbildungsabschnitte in den Jahren 1977 und 1980 in den Vereinigten Staaten wach. Hatten nicht dort amerikanische Dozenten vor Ausgrenzung und Diskriminierung von Minderheiten gewarnt? Hatten sie nicht warnend den schnellen Weg vom kleinen über den etablierten bis hin zum organisierten Kriminellen beschrieben? Hatten sie nicht die darin lauernden Gefahren an mannigfaltigen und einprägsamen Beispielen erklärt? Hatte ich nicht an der Front in der Bronx in New York, in Wohnvierteln der Schwarzen an der Verlängerung der 14. Straße in Washington und in Liberty City in Miami ähnliche junge Menschen am Anfang ihrer kriminellen Karriere gesehen, von denen später viele aufstiegen und zu Drahtziehern des Organisierten Verbrechens wurden?

Damals war Amerika weit, und wir hatten in Europa und somit in Deutschland noch nicht die multikulturellen Probleme, die uns heute bedrängen. Die Grenzen in Europa und der Eiserne Vorhang waren natürliche Garanten für unsere Innere Sicherheit.

Mit dem Wegfall der europäischen Grenzen und des Zusammenbruchs des Ostblocks haben sich die Realitäten schlagartig verändert.

Bei diesen Gedanken wurde mir klar, daß dieser Band über die historischen und politischen Entwicklungen im Kosovo, über den Zwangs-Exodus junger Kosovo-Albaner nach West- und Nordeuropa, über die kriminellen Aktivitäten einzelner Gruppierungen und die darin enthaltenen Gefahren für unsere Sicherheit, durchaus seinen Platz in einer OK-Schriftreihe verdient hat.

Dem Autor gebührt der Verdienst, zum ersten Mal im kriminal-politischen Schrifttum das Problem der Kosovo-Albaner historisch und kriminologisch aufgegriffen zu haben. Sachlich und objektiv schildert er die Dinge sowohl aus seiner menschlichen als auch beruflich-fachlichen Sicht.

Am Schluß des Buches überläßt er dem Leser das Urteil über seinen leicht provokant gewählten Titel „Kosovo-Albaner in Deutschland - Eine Bedrohung für die innere Sicherheit?" Ausdrücklich weist er darauf hin, daß er nur über die kosovo-albanische Einbrecherszene berichtet. Doch auch in der Einbrecherszene sieht er bereits Indikatoren der Organisierten Kriminalität (OK) wie Arbeitsteiligkeit, entsprechende Logistik, internes Sanktionssystem, konspiratives Täterverhalten und einen möglicherweise tödlich wirkenden Ehrenkodex. Gleichzeitig macht er darauf aufmerksam, daß andere kosovo-albanische Gruppen schon in den Bereichen der Organisierten Kriminalität, zum Beispiel denen der Rotlicht- und Rauschgiftszene tätig sind.

Damit schließt sich der Kreis zu den Warnungen der amerikanischen Kollegen Ende der siebziger und Anfang der achtziger Jahre über die Ausgrenzung und Diskriminierung von ethnischen Minderheiten, in der mannigfaltige Gefahren in Richtung Organisierter Kriminalität lauern. Jüngste gewalttätige Auseinandersetzungen in der deutschen OK-Szene mit kosovo-albanischen Straftätern zeigen dies.

Damit dürfte Holger Lemmel sein Ziel erreicht haben, Abbau von Vorurteilen gegenüber der Mehrheit der in Deutschland lebenden Kosovo-Albaner, aber auch konsequente Beobachtung und Strafverfolgung ihrer hier in einem nicht unerheblichen Maße straffällig werdenden Landsleute.

Der Herausgeber

Münster, im September 1997

Vorwort

Spätestens seit Ausbruch der Kriegshandlungen im ehemaligen Jugoslawien sind ethnische Bezeichnungen wie Kroaten, Mazedonier, Slowenen, Bosnier und Kosovo-Albaner zumindest begriffsmäßig in aller Munde.

Einige dieser Gruppierungen tauchen seit mehreren Jahren täglich in Gazetten, Nachrichtensendungen und Magazinen auf, überwiegend in emotional gefärbten Bildern.

Vereinzelt ist darunter auch der eine oder andere Kosovo-Albaner; in der Gesamtmenge der dargestellten Einzelschicksale nimmt er aber nur einen sehr kleinen Raum ein.

Aus beruflichen Gründen befaßte ich mich von 1992 bis 1997 mit dieser ethnischen Gruppierung. Von 1994 an leitete ich eine Ermittlungsgruppe (EG), die sich mit dem Phänomen des überörtlich tätigen kosovo-albanischen Wohnungseinbrechers befaßte. In Bezug auf diese Straftaten haben die Kosovo-Albaner zumindest im norddeutschen Bereich einen Stellenwert erreicht, wie er vor 1992 noch nicht dagewesen ist.

In diesem Buch soll aber nicht nur über die Straftaten von Kosovo-Albanern berichtet werden. Vielmehr wird versucht, anhand von historischen und politischen Fakten eine Problematik aufzuhellen, die bislang in der Literatur stark vernachlässigt worden ist.

Die Frage im Titel „Kosovo-Albaner in Deutschland - Eine Bedrohung für die innere Sicherheit?" ist keineswegs als reine Provokation zu verstehen. Der Leser wird feststellen, daß hinter dem reinen Begriff „Kosovo-Albaner" eine Fülle von historischen und politischen Fakten verborgen ist. Eventuell wird er zu einem Schluß kommen, der sein derzeitiges persönliches Ressentimentdenken völlig umkehrt.

Sollte diese Wandlung eintreten, so habe ich eines meiner angestrebten Ziele erreicht: den Abbau von Vorurteilen gegenüber der hier angesprochenen Gruppe der Kosovo-Albaner.

Das zweite Ziel dieses Buches betrifft den Part Aufklärung. Dem Leser wird klargemacht, mit welchen Personen er es zu tun hat, aus welchen Gründen diese ausgerechnet in die Bundesrepublik kommen, warum sie ihre Straftaten begehen.

In einer Reihe von Interviews wurden viele Personen aus dem Kosovo zu Themen wie Motivation, Familie, Heimat usw. befragt. Sämtliche Personen (Flüchtlingsfamilien, Dolmetscher, Straftäter) äußerten sich bereitwillig zu den gestellten Fragen, stellten teilweise sogar Karten- und Fotomaterial zur Verfügung.

Wenn dies nicht ausdrücklich erwähnt wurde, sind sämtliche verwandten Namen aus persönlichen und/oder datenschutzrechtlichen Gründen abgeändert worden.

Die Motivation zum Schreiben des vorliegenden Werkes enstand im Grunde durch eine Lücke im Bereich der verfügbaren Literatur.

Durch ein intensives Beschäftigen mit der Thematik versuchte ich natürlich auch in einigen Bereichen geeignetes Hintergrundwissen zu erlangen, das zumindest auf dem deutschen Büchermarkt nicht zu erhalten war.

Mühsam wurde in einem Zeitraum von 3 Jahren das Material zusammengetragen, das letztlich die Grundlage für dieses Buch bildete.

Die entstandene Kombination aus diesen Recherchen und meiner beruflichen Tätigkeit liegt jetzt vor Ihnen.

Es bleibt zu hoffen, daß es dem Leser am Ende des Buches gelingt , die provokativ gestellte Titelfrage für sich selbst zu beantworten.

Holger Lemmel

Hamburg, im September 1997

Bildmaterial: Köhler, Hamburg (3), Lemmel, Hamburg (10),
            Flormann, Münster (9)

Inhaltsverzeichnis   Seite

Anmerkungen des Verfassers **4**
Vorwort **6**
   Fall Blerim K. (Personalien geändert)
   Beispiel aus der täglichen Arbeit der
   Ermittlungsgruppe 941 12
Kosovo - Land - Leute - Geschichte **16**
   Bevölkerung 18
   Schulen und Bildung 20
   Medizinische Versorgung im Kosovo 22
   „Mutter Theresa" 23
   Vertreibung aus dem Kosovo 24
   Geschichte des Kosovo 24
   Aus Berichten verschiedener Menschen-
   rechtsorganisationen 31
   Urteile 33
   Politische Situation im Kosovo 33
   Auszüge aus der Verfassung der BRJ 37
   Im Kosovo 38
   In Mazedonien 40
   Glaubensprobleme/Konvertierungen 45
   Serben und Tirana-Albaner 46
   Entschließung des europäischen
   Parlamentes vom 11.10.1990 47
   „Der Koordinationsrat der albanischen
   politischen Parteien in Jugoslawien" 49
Albaner **52**
   Blutrache 52
   „Erst aufgenommen - jetzt verstoßen" -
   Albaner in Deutschland 53

Kosovo-Albaner

Fall Lulzim M.(Personalien geändert)
   Beispiel aus der täglichen Arbeit der EG 941 55
Flucht **58**
   Wo liegen die Ursachen für die Flucht? 60
   Militärdienst in der Bundesrepublik Jugoslawien 60
   Praktische Durchführung von Asyl in
   westlichen Staaten. 62
Schleusung **64**
Deutsche Presse **69**
Kosovo-Albaner und Ausländerrecht **76**
Kosovo-Albaner in Deutschland und Hamburg **79**
   Kiez-Krieg (Oktober 94) 80
   Kosovo-Albaner in Hamburg. 83
Ermittlungsgruppe (EG) 941 . . . . **90**
   Fall Schneverdingen
      Beispiel aus der täglichen
      Arbeit der EG 941. 94
Fragebogen I **97**
Fragebogen II **101**
„Arbeitsweise der kosovo-albanischen Einbrecher" **106**
   Tatobjekte 106
   Tatzeiten 108
   Verhalten vor der Tat 111
   Ausrüstung der Einbrecher 115
   Arbeitsweise 120
   Verhalten im Tatortobjekt 123
   Verhalten nach der Tat. 125
   Verhalten gegenüber Geschädigten 127
   Verhalten gegenüber der Polizei. 129
   Stehlgut 131
   Absatz des Stehlgutes 134

Fahrzeuge ... 136
Was kann dem Verkäufer passieren? ... 138
Ausweise ... 142
Anwälte ... 143
Staatsanwaltschaft, Gerichte ... 144
Weitere Straftaten von Kosovo-Albanern ... 145
Fall Fevzi M. (Personalien geändert)
Beispiel aus der täglichen Arbeit
der Ermittlungsgruppe 941 ... 147

Nordverbund ... **149**

Dolmetscher ... **150**

Wohnungseinbruch aus Sicht des Täters ... **152**

Fall Imer O. (Personalien geändert)
Beispiel aus der täglichen Arbeit der Ermittlungsgruppe 941
... 155

Resümee ... **157**
Haben deutsche Polizeibeamte Vorurteile
gegenüber Kosovo-Albanern? ... 160

Lagebilder, Prognose, Szenario 2000 ... **164**
von Willi Flormann

Quellenangaben ... **175**

Zeittafel ... **175**

Kosovo-Albaner

Fall Blerim K. (Pers. geändert)

Ein Kosovo-Albaner namens Blerim K. fiel 1992 der Hamburger Polizei zum ersten Mal wegen wegen mehrerer Taschen- bzw. Trickdiebstähle auf.
1994 wurde er erneut festgenommen, dieses Mal als Benutzer eines gefälschten italienischen Ausweises.

Aufgrund einer erkennungsdienstlichen Behandlung (Fingerabdrücke) stellte das Bundeskriminalamt fest, daß diese Person auch schon unter anderen Falschpersonalien in andere Straftaten verstrickt war.

Zeitgleich mit dieser Feststellung, Ende Oktober 1994, kam es im Großbereich Cloppenburg/Niedersachsen, zu einer Einbruchsserie, die sich bis in die ersten Novembertage hinzog. In der ersten Tatnacht (23.10.94) wurde von den unbekannten Tätern auch ein schwarzer Audi 100 gestohlen.

Die Tatumstände, d.h. die Art der Begehung und die Auswahl des Stehlgutes, ließen bereits zu diesem frühen Zeitpunkt einen Rückschluß auf eine Begehung durch Kosovo-Albaner zu.

Am 31.10.94 in den frühen Morgenstunden wurde dieser Audi in Hamburg gesehen. Einem Polizeibeamten, der sich auf dem Weg zum Dienst befand, fiel auf, daß die Insassen des Fahrzeuges (drei junge Männer, augenscheinlich Südländer) nicht so recht zum Auto paßten.

Bei einer später durchgeführten Überprüfung des Kennzeichens stellte dieser Beamte dann fest, daß das Fahrzeug bei einem Wohnungseinbruch gestohlen worden war.

Aufgrund des ergänzten Suchvermerkes informierte der Kollege sofort die EG (Ermittlungsgruppe) 941. Hier wurde festgestellt, daß in dem fraglichen Bereich, in dem der Pkw gesehen wurde, des öfteren gestohlene Fahrzeuge von den Tätern abgestellt worden waren.

Mehrere Kollegen der örtlich zuständigen Polizeireviewache 25 und der EG 941 machten sich anschließend in dem genannten Gebiet (HH-Bahrenfeld) auf die Suche nach dem Fahrzeug.

Um 19.00 Uhr wurde das Fahrzeug gesichtet und kurz darauf durch herbeigerufene Observationskräfte beobachtet.

Nach den allgemeinen Erfahrungen mit dem Klientel der Kosovo-Albaner konnte aufgrund der Gesamtumstände (ordnungsgemäß eingeparktes Fahrzeug, verschlossen, Schlüssel offenbar nicht am Fahrzeug) davon ausgegangen werden, daß die Täter beabsichtigten, das Fahrzeug weiter zu benutzen.

Um 22.15 Uhr bestiegen drei jüngere männliche Personen das Fahrzeug und fuhren sofort auf die nahegelegene BAB-Auffahrt in Richtung Hannover/Bremen. Die unzureichend motorisierten Observanten mußten die Verfolgung nach ca. 30 Kilometern abbrechen; sie nahmen anschließend Aufstellung rund um die Stelle, an der das Fahrzeug vorher geparkt worden war.

Da die Täter bis 06.30 Uhr nicht wieder zurückgekommen waren, wurde die Observation abgebrochen.

Um 09.40 Uhr wurde das Fahrzeug in der Nähe des alten Abstellortes durch Kräfte der EG 941 wieder aufgefunden.

Um bessere Observationserfolge erzielen zu können, wurde für diesen Abend eine Spezialeinheit aus einem benachbarten Bundesland angefordert.

Dieser Einheit gelang es, die Täter, die an diesem Abend um 21.50 Uhr erneut losfuhren, bis in den Kreis Cloppenburg, also ins Tatortgebiet, zu beobachten. Durch widrige Umstände mußte diese Einheit gegen Mitternacht die Maßnahme abbrechen.

Andere Kräfte besetzten ab ca. 05.00 Uhr wieder die Positionen rund um den Abstellort.

Gegen 07.00 Uhr fiel einem der Beobachter ein BMW 325 mit OL-Kennzeichen auf. In dem Fahrzeug befanden sich zwei südländisch aussehende Personen, die nach Ansicht des Beamten nicht in das Fahrzeug paßten. Er notierte sich das Kennzeichen, das Fahrzeug war zu diesem Zeitpunkt noch nicht als gestohlen gemeldet.

Um 11.15 Uhr wurde bei einer erneuten Nachfrage dann festgestellt, daß dieses Fahrzeug doch gestohlen worden war.

In unmittelbarer Nähe dieses Fahrzeuges wurde ein weiteres gefunden, daß ebenfalls zur selben Zeit im gleichen Gebiet entwendet worden war.

Nachforschungen in Cloppenburg ergaben, daß die Täter in der Nacht sieben vollendete Bohreinbrüche (mit Kfz.-Entwendungen) und einen Versuch gelegt hatten. Ferner hatten sie einen Einbruchsversuch in die örtliche Raiffeisenbank unternommen (hierbei wurden sie von der installierten Raumkamera aufgenommen, hatten allerdings die ganze Zeit ihre Gesichter verborgen).

Außerdem konnte der gestohlene (und am Vorabend observierte) Audi 100 in Tatortnähe sichergestellt werden.

Beamte der EG 941 und einer Fahndungsdienststelle observierten fortan beide Fahrzeuge, diesmal mit dem Ziel, die Täter beim Besteigen der Fahrzeuge festzunehmen.

Kosovo-Albaner

Am zweiten Abend (in der ersten Nacht blieben die Fahrzeuge unberührt stehen), dem 3.11.94, erschienen um 22.16 Uhr vier Personen mit einer Taxe an den bezeichneten Fahrzeugen. Sie gingen zielstrebig an den BMW und schlossen ihn auf.

In diesem Moment näherten sich aus mehreren Richtungen Polizeibeamte den Personen und forderten sie auf, sofort stehenzubleiben. Die Täter stiegen dennoch ins Fahrzeug und starteten dieses (die Straße war zwischenzeitlich durch zwei zivile Fahrzeuge mit aufgesetztem Blaulicht in beide Richtungen gesperrt). Der BMW wurde über Gehsteige an geparkten Fahrzeugen vorbeigefahren, landete schließlich recht unsanft an einem geparkten DB.

Die Fahrzeuginsassen (vier Kosovo-Albaner) konnten anschließend festgenommen werden, Fahrer war Blerim K.

Sie wurden anschließend in Untersuchungshaft genommen, nach einigen Wochen jedoch wieder entlassen.

2 Monate später tauchten der Blerim K. und einer seiner damaligen Mitbeschuldigten erneut in den Unterlagen der EG 941 auf.

In der Nacht zum 16.12.94 wurde bei einem Bohreinbruch in Holtland/Ostfriesland ein Pkw DB entwendet und anschließend von mindestens drei Tätern benutzt.

Dieser DB wurde noch in derselben Nacht bei weiteren Einbrüchen in Aurich zurückgelassen, an seiner Stelle benutzten die Täter anschließend einen ebenfalls gestohlenen Opel Kadett.

Dieser Pkw wiederum wurde bei einem weiteren Einbruch am 20.12.94 in Wolfenbüttel zurückgelassen bzw. gegen einen Alfa Romeo eingetauscht.

Noch in derselben Nacht sind die Täter mit diesem Alfa in die Nähe von Gießen/Hessen gefahren. Dort wurden sie bei einem Einbruch vom Geschädigten überrascht. Nachdem die unbewaffneten Täter den Geschädigten mit Steinen beworfen hatten, eröffnete dieser das Feuer aus seiner Waffe. Es gelang den Tätern, in den Alfa zu gelangen und zu flüchten. Aus der Waffe des Geschädigten wurden ca. 10 Schüsse abgefeuert.

Ca. 5 Minuten nach diesem Vorfall wurde eine verletzte Person in einem Nachbarort abgelegt. Bürger wurden durch zwei Südländer aufgefordert, sofort einen Krankenwagen zu rufen. Daraufhin entfernte sich das Fahrzeug (Alfa).

Die Mittäter hatten ihrem Kollegen - vermutlich um die polizeiliche Spurensuche zu erschweren - die Schuhe ausgezogen.

Der Verletzte wurde im Krankenhaus behandelt; nach Angaben der Ärzte wurde ein Projektil, welches sich in der Nähe des Herzens befunden hatte, herausoperiert.

Der entwendete und bei der Flucht benutzte Alfa Romeo konnte am nächsten Tag (22.12.94) in Hamburg-Bahrenfeld in unmittelbarer Nähe der Fahrzeuge aufgefunden werden, die im ersten Komplex erwähnt worden sind. Im Fahrzeug befanden sich insgesamt 3 Einschüsse.

Durch Kollegen der EG 941 wurde u.a. die Wohnung des Verletzten durchsucht. Bereits bei Beginn der Durchsuchung war der Blerim K. in der fraglichen Wohnung anwesend.

Eine Beteiligung des Blerim K. an diesen Taten konnte zwar vermutet, zu diesem Zeitpunkt aber nicht durch Fakten belegt werden.

Am 6.1.95 fuhr der Blerim K. zusammen mit seiner ukrainischen Freundin, einer Prostituierten, die sich zu der Zeit mit einer gefälschten italienischen Identitätskarte auswies, und zwei Landsleuten (als Einbrecher hinreichend bekannt, beide in Hamburg wohnhaft), nach Baden-Württemberg.

Sie übernachteten in Stuttgart in einem Hotel. Nach Angaben der Ukrainerin sind die drei Männer nachts ohne sie losgefahren und haben mehrere Einbrüche verübt. Bei ihrer Rückkehr wurde u.a. über das Stehlgut gesprochen.

In den Mittagsstunden des 8.1.95 überprüfte ein Streifenwagen aus Pforzheim den Pkw mit den vier Personen.

Noch während der Anhaltephase warf der Beifahrer einen Strumpf aus dem Fenster. Dieser wurde später sichergestellt; in ihm befanden sich Schmuckteile, Schecks und Scheckkarten, alles Gegenstände aus mehreren Einbrüchen in der vorausgegangenen Nacht im Kreis Böblingen.

Alle vier Personen wurden in Haft genommen.

Das (vorläufig) letzte Kapitel

Im November 95 wurde durch eine Fingerabdruck-Überprüfung beim Bundeskriminalamt in Wiesbaden festgestellt, daß der Blerim K. für eine Bohreinbruchsserie von mindestens 5 Taten im Bereich Nord-Schleswig-Holstein in Frage kommt.

Er sitzt seit dem 17.11.1995 in Untersuchungshaft in Neumünster.

Seine Mittäter bei den Taten im Bereich Böblingen befanden sich bis August 96 in Baden-Württemberg in Haft, die Ukrainerin ist zwischenzeitlich in ihre Heimat abgeschoben worden.

KOSOVO - Land - Leute - Geschichte

Bis zu Beginn des Bürgerkrieges in Ex-Jugoslawien galt der KOSOVO als *autonome Provinz innerhalb der Republik Serbien.*

KOSOVO ist ein fast allseitig von Gebirgen (Kapaonik, Zljeb, albanische Alpen, Sar planina, Crna gora, Goljak) umschlossenes Gebiet mit den Beckenlandschaften Amselfeld (rund 600 Meter hoch, durch die Silinica zur Donau entwässert) und Metohija (rund 500 Meter hoch, durch den Weißen Drin zur Adria entwässert) als Kernräumen. Zwischen beiden liegen 1.000 bis 1100 Meter hohe, leicht zu überschreitende Gebirge.

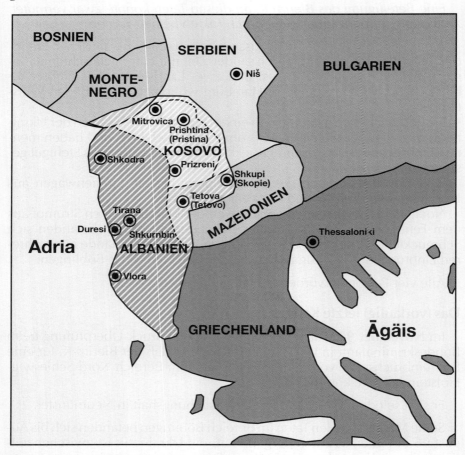

Lebensraum der Kosovo-Albaner mit Teilen von Serbien, Montenegro und Mazedonien.

Kosovo-Albaner

Der Osten wird durch die südliche Morawa zur Donau, der zentrale Süden durch die Vardar-Zuflüsse zur Ägäis entwässert.

Die Grenzen des *KOSOVO* verlaufen im Süden zu Mazedonien, im Osten und im Norden zu Serbien, im Nordwesten zu Montenegro und im Westen bis Südwesten zu Albanien.

Verkehrsmäßig ist der *KOSOVO* durch die das Amselfeld durchquerende Bahnlinie und Fernstraße Kraljevo-Skopje gut erschlossen. Von Nordosten führt von Nis eine Bahnlinie über Pristina nach Pec, von dieser zweigt, dem Tal des Weißen Drin folgend, eine Stichbahn (58 Kilometer) nach Prizren ab.

Von Kosovska Mitrovica führt seit 1971 eine asphaltierte Straße nach Ivangrad und damit zur Adria. Im Südwesten quert die Fernstraße von Titograd nach Skopje die Metohija, sie berührt Pec und Prizren.

Die Hauptstadt Pristina besitzt einen Flughafen mit Liniendiensten nach Belgrad und in mehrere europäische Metropolen.

Klima und Bodenbedingungen sind für die Landwirtschaft günstig (Weizen- und Maisanbau, Wein- und Obstbau; Schafzucht im Bergland). Die reichen Bodenschätze werden bisher nicht voll genutzt. Auf den *KOSOVO* entfallen über die Hälfte der Blei- und Silberproduktion Ex-Ju-

Die Hauptstadt des Kosovo: Pristina mit Universität und Flughafen, mit Verbindungen nach Belgrad und anderen europäischen Metropolen.

Kosovo-Albaner

goslawiens; Bedeutung haben auch der Zink-, Erz- und Braunkohlenbergbau.

Die Industrie ist im wesentlichen auf die Städte Pristina, Titova Mitrovica und Urusevac beschränkt.

Das Land besteht aus 10887 Quadratkilometern.

Bevölkerung

Die Bevölkerung betrug im Jahre 1987 1,848 Millionen Einwohner (1948: 733.000, 1971: 1,244 Mio., 1981: 1,584 Mio.).

Die Bevölkerung teilt sich wie folgt auf:

    77,4% Albaner
    13,2% Serben
    3,7% Muslime (als Nationalität anerkannt)
    5,7% Angehörige anderer Volksgruppen
          (Montenegriner, Roma u.a.).

Heute soll der Anteil der Albaner an der Gesamtbevölkerung des *KOSOVO* bei ca. 90% liegen (nach Schätzungen verschiedener Menschenrechtsorganisationen).

Der Kinderreichtum ist eine der Ursachen, aber auch eine der Folgen im *KOSOVO*. Kinder sind für die Großfamilie als Arbeitskräfte unentbehrlich; das zeigt sich in vielen Ländern der Erde, besonders in den ärmsten.

Die natürliche Bevölkerungszunahme liegt weit über dem ex-jugoslawischen Durchschnitt (1985: 25,3 Prozent zu 6,8 Prozent). Die Zahl der Albaner stieg von (1948) 498300 auf (1981) 1226700.

Auf der anderen Seite ist die Zahl der Säuglingssterblichkeit in dieser Region ebenfalls überproportional hoch. Die Zahl liegt im *KOSOVO* bei 95 Promille im Gegensatz zum ehemaligen Gesamtjugoslawien mit einer Zahl von 55 Promille.

Die Serben sehen in dem erhöhten Kindersegen der Albaner eine gewisse Strategie, indem sie selbst behaupteten (aus welchen Gründen auch immer), die Albaner würden Soldaten in die Welt setzen, die gegen sie, also die Serben, kämpfen sollten. Ferner bezweckten die Albaner mit dem Kindersegen, einen ethnisch reinen *KOSOVO* schaffen zu wollen.

Familienplanung ist im *KOSOVO* aufgrund des mangelhaften Informationsstandes in sexuellen Belangen der Bevölkerung kaum durchführbar, zumal die Albaner hinter jedem Vorstoß in dieser Richtung befürchten, daß die Serben dahinterstecken, um ihnen neue Vorschriften bezüglich ihrer Nachkommen zu machen.

Die Tatsache, daß der slawische Bevölkerungsanteil im *KOSOVO* von 1961 bis 1981 von 27,5 % auf 14,9 % zurückgegangen ist, wird von Belgrader Seite aus zur nationalen Tragödie erklärt. Angeblich flüchten die Serben und verlassen ihre angestammte Heimat, weil sie verkannt werden, weil sie gedemütigt werden und weil sie durch die Kosovo-Albaner mit der Vernichtung bedroht werden.

Nach serbischen Angaben haben die albanischen Arbeitgeber im *KOSOVO* die Kenntnis der albanischen Sprache als Voraussetzung für die Einstellung von Arbeitern gefordert. Albanische Arbeiter in solchen Firmen, in denen Serben als Vorarbeiter tätig waren, weigerten sich in der Regel, den Serben zu gehorchen (obwohl sie deren Sprache sehr wohl verstanden haben).

Noch in heutiger Zeit lehnen Serben es ab, sich mit Kosovo-Albanern an einen Tisch zu setzen oder mit ihnen gemeinsame Arbeits- oder Studienzimmer zu bewohnen. Die Albaner werden grundsätzlich als verschlossen, roh, rückständig, faul, egoistisch und jähzornig eingestuft.

Der *KOSOVO* ist mit 169,7 Einwohnern pro Quadratkilometer die am dichtesten besiedelte Region im ehemaligen Jugoslawien. Hier leben (1987) 7,7% der Gesamtbevölkerung Ex-Jugoslawiens; damit stellen die Albaner die fünftgrößte Volksgruppe noch vor den Mazedoniern (6%) dar.

In diesem Punkt liegt das Hauptproblem des *KOSOVO*: Die Wirtschafts- und Sozialentwicklung des Landes ist nicht in der Lage, mit dem raschen Bevölkerungswachstum Schritt zu halten. Bedingt dadurch, hat der *KOSOVO* den niedrigsten Lebensstandard Ex-Jugoslawiens und (natürlich) auch die höchste Arbeitslosenquote.

Noch 1948 lebten 80,9 % der Bevölkerung von der Landwirtschaft mit einer Bodenverteilung, die - gemessen an europäischen Maßstäben - eine gewaltige bäuerliche Überbevölkerung darstellte.

1981 betrug das Verhältnis des Bruttosozialproduktes pro Kopf zwischen *KOSOVO* und z.B. Slowenien 1 : 5,4, 1984 sogar schon 1 : 6,1. das Sozialprodukt pro Einwohner im *KOSOVO* betrug 1979 nur 28 % des Durchschnittswertes von Gesamtjugoslawien; Mazedonien lag zu dem Zeitpunkt bei 67 %, Bosnien bei 65 % und Montenegro bei 69 %. Der Grund lag darin, daß in falschen Bereichen und zuwenig investiert wurde.

Hintergrund der Nicht-Investitionspolitik war u.a. das Gerücht (bestätigt oder nicht), daß die Kosovo-Albaner keine Arbeitsdisziplin haben.

Aus diesem Grunde weigerten sich viele große Firmen, in dieser Provinz zu investieren, weil sie einfach fürchteten, ihr Geld zu verlieren. Dieses und andere Vorurteile gegen die Albaner wurden vor allem von den Serben genährt.

Die Arbeitslosenrate im *KOSOVO* war 1985 3,33 mal größer als im jugoslawischen Durchschnitt.

Im Jahre 1994 lag das durchschnittliche Einkommen einer vierköpfigen Familie bei ca. DM 130,– monatlich, dringend erforderlich (sog. Warenkorbwert) waren aber DM 335,–.

1993 lag die Inflationsrate bei 352 Milliarden Prozent (!), heutzutage liegt diese Rate bei ca. 60 %.

Schulen und Bildung

Die Analphabetenrate (1971, zu dieser Zeit gab es 372 Grundschulen, waren 277.000 Personen im *KOSOVO* Analphabeten, und zwar fast ausschließlich Albaner) ist auch heute noch sehr hoch. Bis weit in die siebziger Jahre dieses Jahrhunderts hinein gab es für die albanische Bevölkerung kaum die Möglichkeit, Schulen zu besuchen, es sei denn, die Bevölkerung war bereit, sich in serbisch unterrichten zu lassen. Dazu mußte diese Sprache aber erst einmal gelernt werden.

In vielen Schulen im *KOSOVO* wurde nur in albanisch oder türkisch unterrichtet. Das hatte zur Folge, daß die Kinder nur die Grundschule bis zur achten Klasse besuchen konnten, denn die Sprache auf den weiterführenden Schulen war serbisch. Entsprechend niedrig war denn auch der Anteil von Kosovo-Albanern an Akademikern im gesamten Ex-Jugoslawien.

Die ersten achtklassigen Schulen wurden 1958/59 geschaffen, im Laufe des folgenden Jahrzehnts stieg ihre Anzahl auf 334.

In manchen Dörfern gibt es bis in die heutigen Tage keine Grundschulen, so daß die Kinder weite Wege und Unannehmlichkeiten in Kauf nehmen müssen (wenn sie oder die Eltern den Schulbesuch überhaupt wollen).

In der Zwischenkriegszeit, also zwischen den Weltkriegen I und II, waren mehr als drei Viertel aller Albaner im *KOSOVO* Analphabeten, weil sie sich schon zu der Zeit weigerten, ihre Kinder in serbische Schulen zu schicken. Die Albaner hatten keinerlei Anspruch auf Entwicklung einer nationalen Kultur. Schulunterricht in der Muttersprache und Publikationen in albanischer Sprache waren gleichermaßen verboten.

Kosovo-Albaner

1940 sind nach offiziellen statistischen Angaben nur rund 12.000 albanische Kinder in serbische Grundschulen gegangen, im Gesamtverhältnis zur albanischen Gesamtbevölkerung von damals 700.000 Einwohnern also ein verschwindend geringer Anteil.

1958/59 wurde die erste Hochschule im *KOSOVO* , nämlich die Pädagogische Hochschule in Pristina, gegründet. Nach dieser Zeit stieg die Zahl der albanischen Lehrkräfte auch erheblich an, im Jahre 1974 lag ihr Anteil im *KOSOVO* bereits bei über 70 %.

Seit 1970 hat der *KOSOVO* auch seine eigene Universität in Pristina mit 13 Fakultäten, darunter auch eine medizinische. Vor dieser Zeit waren kosovoalbanische Studenten gezwungen, in die Großstädte Belgrad, Zagreb, Skopje oder Sarajevo zu gehen.

Im August 1990 verlangte die serbische Verwaltung im *KOSOVO* die Serbisierung des Schulwesens, d.h. in den albanischen Schulen mußte fortan nach einem serbischen Lehrplan unterrichtet werden. Seit dieser Zeit bezieht die Mehrzahl der albanischen Lehrer kein Gehalt mehr, albanische Schuldirektoren wurden abgesetzt und durch Serben ersetzt.

Wenn heute noch albanische Professoren und Lehrer sowie Studenten an höheren Schule und der Universität tätig sind, handelt es sich um sog. Belgradtreue, die natürlich von der eigenen Bevölkerung abgelehnt werden.

Die Zahl der albanischen Schulen wurde auf etwa die Hälfte reduziert.

Belgrad begründete diesen Schritt damit, daß diese Schulen und die Universität Hochburgen des „konterrevolutionären Widerstandes" seien und daß albanische Schüler und Studenten von ihren Lehrern und Professoren politisch indiktriniert und mißbraucht würden.

Schülern, Studenten und Lehrkräften, die bereit waren, sich mit Belgrad solidarisch zu erklären, wurde zugesagt, daß sie ihre Tätigkeit weiter fortführen könnten.

Schon vor diesem Belgrader Schritt, noch im Jahr 1990, wurde durch die Verwaltungsbehörden eine Segregation eingeführt. Serbische Schüler wurden vormittags, albanische nachmittags (mit verkürzten Unterrichtsstunden) unterrichtet. Man erreichte damit eine strikte Trennung zwischen serbischen und albanischen Schülern.

Angeblich hätten die serbischen Eltern Angst um die Gesundheit ihrer Kinder, deshalb hätte man diesen Schritt gehen müssen. Die albanischen Eltern betrachteten diese Maßnahme als „Apartheidspolitik" der Belgrader Regierung.

In den Jahren 1991/92 wurden den kosovoalbanischen Schülern insgesamt 10250 Plätze an Mittelschulen zugewiesen, d.h. 28,8 % der albanischen Schüler, die den Zugang zu diesen Schulen anstrebten, konnten auf die Mittelschule wechseln.

Die Serben bekamen 5735 Plätze zugewiesen, obwohl nur 4900 serbische Schüler die Grundschule abgeschlossen hatten.

Heute gehen kosovoalbanische Kinder nicht mehr in staatliche Schulen, sondern besuchen Institutionen, die vom nicht-offiziellen albanischen Parlament aufgebaut wurden.

Gewaltmaßnahmen seitens der serbischen Behörden sind noch heute oft die Folge.

An der Universität in Pristina wird die gleiche Anzahl serbischer und kosovoalbanischer Studenten zugelassen, obwohl die Zahl der albanischen Maturanten neunmal so groß ist wie die der serbischen.

Medizinische Versorgung im *KOSOVO*

Nach der Entlassung des Großteils an medizinischem Personal in Kliniken und Krankenhäusern (Ärzte, Pfleger, Krankenschwestern, Verwaltungsangestellte) ist es um die medizinische Versorgung der Kosovo-Albaner heutzutage eher schlecht bestellt.

Insgesamt wurden 1517 albanische Menschen aus diesem Bereich entlassen, darunter 150 Ärzte und Spezialisten.

Außerdem wurden komplette Medizinerteams, die hauptsächlich Impfungen an Kindern vorgenommen hatten, durch die Belgrader Regierung entlassen (und nicht ersetzt).

Das o.g. Personal wurde fast ausnahmslos durch Serben und Montenegriner ersetzt, Personen also, zu denen die Albaner aus verschiedenen Gründen absolut kein Vertrauen haben.

Die Krankenhäuser und Kliniken, die den Albanern zur Verfügung stehen, sind unzureichend bis mangelhaft ausgestattet in bezug auf medizinisches Gerät und Arzneimittel.

Das Gesundheitssystem funktioniert in aller Regel nur mit Hilfe von Privatinitiativen. Diese finanzieren Krankenhäuser und -wohnungen. Sie stellen zumindest ein Minimum an Hilfe zur Verfügung.

Zu dieser Misere gesellte sich noch ein weiterer schwerwiegender Umstand: Rund 100.000 albanische Arbeitnehmer verloren ihre Arbeitsplätze, damit auch gleichzeitig die Möglichkeit auf Inanspruchnahme staatlicher Gesundheitseinrichtungen (und sonstige soziale Einrichtungen). Und dieser Schlag traf und trifft nicht nur den entlassenen Arbeitnehmer, sondern auch regelmäßig seine Familienangehörigen, so daß die Gesamtzahl der von diesen Entlassungsmaßnahmen Betroffenen bei 800.000 Personen liegt.

Eine der Hauptfolgen des derzeitigen Mangels im Gesundheitssystem ist, daß für vorbeugende Maßnahmen wie z.B. Impfungen kein Geld und auch keine Medikamente mehr vorhanden sind, d.h. diese dringend erforderlichen Maßnahmen können nicht durchgeführt werden.

Epidemien wie TBC und Typhus haben im KOSOVO dadurch in den letzten Jahren besorgniserregend zugenommen.

1993 wurden im KOSOVO 208 Todesfälle infolge von Epidemien registriert.

Bis 1990 konnten 98,5 % aller Kinder im KOSOVO schutzgeimpft werden, nach dieser Zeit bis heute hin sank die Quote auf ca. (geschätzt) 30 %.

„Mutter Theresa"

1989 wurde die Organisation „Mutter Theresa" mit Hauptsitz in Pristina gegründet.

Die Mehrzahl ihrer Mitglieder besteht aus albanischen Volkszugehörigen und einigen wenigen serbokroatischsprachigen Moslems.

Im KOSOVO existierten 1995 insgesamt 29 Ortsvereine.

Die Organisation verfügt über eigene Krankenhäuser/-stationen und private Apotheken. Lebensmittel und medizinische Versorgungsgüter werden der Bevölkerung über einen Verteilerschlüssel zugänglich.

Dabei werden keine Unterschiede bezüglich Volks- und Religionszugehörigkeit gemacht.

Kosovo-Serben bedienen sich allerdings aufgrund des überall vorherrschenden Mißtrauens der Hilfe dieser Organisation kaum.

Ungefähr 350.000 Kosovo-Albaner nehmen regelmäßig die Organisation in Anspruch, also ca. 52.000 Familien und damit ca. 20 % der albanischen Bevölkerung.

Seitens der Serben wurden keine Aktivitäten bekannt, die sich gegen die international renommierte Organisation richten.

In wenigen Fällen wurden sog. Buchprüfungen durchgeführt mit dem Erfolg, daß Lebensmittel und Medikamente zeitweilig konfisziert, aber regelmäßig anschließend wieder zurückgegeben wurden.

Kosovo-Albaner

Die aktiven Mitglieder bei „Mutter Theresa" haben grundsätzlich keine Schikanen oder staatlichen Maßnahmen zu erwarten. Sie genießen durch das angesprochene Renomme der Organisation, das weltweit beachtet wird, einen Schutz, der es ihnen erlaubt, ihrer zumeist ehrenamtlichen Tätigkeit nachzugehen.

Vertreibung aus dem Kosovo

Schon zwischen den beiden Weltkriegen dieses Jahrhunderts strebten die Serben Massenvertreibungen von Albanern aus dem *KOSOVO* an, weil diese als das einzige Mittel galten, um die Ruhe in dieser Provinz wiederherzustellen.

Als einer der Hauptaggressoren gegen die Albaner galt der Historiker Vasa Cubrilovic: "Der serbische Staat muß die Gesetze bis zum letzten ausschöpfen, so daß es den Albanern unerträglich wird, bei uns zu bleiben: Geldstrafen, Gefängnisse, rücksichtslose Anwendung aller polizeilichen Möglichkeiten, Zwangsverschickung und jedes Mittel, das eine erfahrene Polizei zu finden imstande ist, auch private Initiativen.

Alles muß benutzt werden, um sich der Albaner zu entledigen!"

Die Folge dieser Einstellung war, daß zwischen den beiden Weltkriegen rund 45.000 Menschen den *KOSOVO* verlassen haben bzw. mußten. Albaner und Türken emigrierten entweder in die Türkei, wohin sich auch viele moslemische Albaner wandten, oder nach Albanien.

In diesem Zeitraum sollen nach albanischen Quellen über 50.000 Albaner durch serbische Gefängnisse gegangen sein.

In der Zeit vor dem II. Weltkrieg wurde auch der Besitz neu aufgeteilt, und zwar sowohl der Besitz, der dem türkischen Staat und den Gemeinden gehört hatte als auch der der türkischen Großgrundbesitzer. Nutznießer waren in erster Linie neu angesiedelte Familien aus Serbien und Montenegro, die in den *KOSOVO* geschickt und gelockt wurden, insgesamt sollen es wohl 60.000 Neusiedler slawischer Herkunft gewesen sein.

Geschichte des *KOSOVO*

Die Ursachen für die Jugoslawienkonflikte der Gegenwart führen bis ins vierte Jahrhundert nach Christus zurück.

Durch den römischen Kaiser Theodosius wurde das römische Imperium in West- und Oströmisches Reich geteilt. Entlang der neu entstandenen Trennungslinie, die mitten durch das spätere Jugoslawien verläuft, spaltet sich die katholische Kirche in eine römische, eine byzantinisch-orthodoxe und in eine später dem Islam zugewandte.

Ende des sechsten Jahrhundert nach Christus beginnen die Slawen in großer Zahl vom Nordosten Europas auf die Balkanhalbinsel einzuwandern.

Innerhalb von einem Jahrhundert haben sie den Raum zwischen Schwarzem Meer, Adria und Ägäis besiedelt. Bei diesen Slawen handelt es sich um Serben, Slowenen, Kroaten und Bulgaren, die mit der Zeit eigene Herrschaftssysteme gründen.

Geographisch werden die neu entstandenen Staaten durch die Flüsse Drina und Save getrennt (Trennungslinien zwischen Serben und Kroaten). Später entwickeln sich die Staaten kulturell völlig unterschiedlich.

In der Schlacht auf dem Amselfeld im Jahre 1389 (28.6.) entscheidet sich das Schicksal des ersten serbischen Königreiches, das den Osmanen unterliegt (der Tag der Niederlage wird auch die Tragödie vom Kosovo genannt. Noch heute gilt diese Niederlage als Ursache für die Spannungen zwischen Albanern und Serben, da die Serben die Albaner für die Nachfahren der Osmanen halten und sie auch so bezeichnen).

Durch diese Niederlage wird das serbische Volk für mehrere hundert Jahre von der gesamteuropäischen Entwicklung abgetrennt.

1683 werden die Türken vor Wien geschlagen. Vom Kaiser Leopold I. werden die Serben, Albaner, Bugaren, Mazedonier und Bosnier zum Kampf gegen die Osmanen aufgefordert. 1697 werden die Türken entscheidend bei Zenta geschlagen, 1699 der Frieden von Karlovac geschlossen.

Das Gebiet des heutigen *KOSOVO* gehörte bis zum ersten Balkankrieg (1912 bis 1913) zum osmanischen Reich, danach wurde der *KOSOVO* zunächst Teil des „Königreiches Serbien", ab 1918 Teil des „Königreiches der Serben, Kroaten und Slowenen" (des späteren Jugoslawien).

1913 erheben sich die Albaner im *KOSOVO* das erste Mal gegen die serbischen Okkupanten; ihr Aufstand wird blutig niedergeschlagen.

Nach Errichtung des kommunistischen Herrschaftssystems in Jugoslawien wurde 1945 das autonome Gebiet *KOSOVO* -Metohija innerhalb der Glied-Republik Serbien eingerichtet, welches 1963 autonome Provinz wurde; seit 1968 war dies die bis 1990 gültige Bezeichnung (bis zum Beginn des Bürgerkrieges).

Kosovo-Albaner

Dabei darf aber nicht übersehen werden, daß beide Provinzen zwar Autonomierechte erhalten hatten, aber dennoch streng in das Belgrader System Serbiens integriert waren.

Die Erweiterung der Autonomierechte im Rahmen der jugoslawischen Verfassung von 1974 verstärkte im *KOSOVO* die Vorherrschaft der albanischen Mehrheitsbevölkerung. Keineswegs versiegten mit dem nun noch stärkeren Einfluß der Republiken die ohnehin schon vorhandenen Spannungen.

In den siebziger Jahren hat sich die Wirtschaft unter Tito doch enorm verschlechtert. Dies bewirkte, daß immer mehr Bürger die Möglichkeit zur Ausreise nutzten und in mitteleuropäische Länder als sog. Gastarbeiter fuhren.

Tito selbst ist es nicht gelungen, den bestehenden Konflikt zwischen Serben und Albanern auf friedliche Art zu lösen. Er stirbt am 4.5.1980. Damit reißt auch das letzte Band, das den Vielvölkerstaat Jugoslawien bis dahin zusammengehalten hatte. Ein neues Kapitel in Jugoslawiens Geschichte beginnt.

In der Folge werden im *KOSOVO* neue Spannungen zwischen Serben und Albanern sichtbar. Durch wachsende Macht der Serben im Staatsapparat (und nicht zuletzt durch belgradtreue albanische Politiker) verlieren viele Albaner ihre Arbeitsplätze. Bei der Vergabe von freien Arbeitsplätzen werden Serben und Mazedonier eindeutig bevorzugt.

Durch weitere ethnische und religiöse Spannungen zwischen den Albanern und der serbischen Minderheit kommt es im Frühjahr 1981 zu Unruhen. Diese unterscheiden sich in manchem von den Unruhen, die der Vielvölkerstaat Jugoslawien bis dahin erlebt hatte.

Die Albaner stellen die einzige nicht-slawische Gruppe von Gewicht in Jugoslawien dar. Sie sind Moslems (zumindest überwiegend), ihr Heimatstaat unter Enver Hodscha hat sich legitimiert und fühlt sich imstande, das National- und Selbstbewußtsein der „Brüder und Schwestern" jenseits der Grenze zu stärken.

Menschen auf der Straße fordern Demokratie, Bürgerrechte und vereinzelt auch eine autonome Republik *KOSOVO*.

Die aus allen Republiken zusammengezogene Polizei geht auf Befehl der Regierung in Belgrad mit brutaler Härte gegen die Demonstranten vor. Schon gegenüber den eigenen Landsleuten gehen sie rigoros vor, noch viel ausgeprägter sind ihre Aggressivitäten gegen die Kosovo-Albaner, deren Aufbegehren ja im Grunde nur ein Signal für die Unzufriedenheit mit den serbischen „Herren" ist.

Die zunächst rein serbischen Truppen aus Polizei und Militär werden nach kurzer Zeit gemischt mit Angehörigen der Armeen und Polizeien aus allen anderen Landesteilen, wohl um nicht als alleiniger Aggressor dazustehen. Dieser psychologisch recht geschickte Schachzug hat vermutlich dazu beigetragen, den Brand im *KOSOVO* relativ schnell einzudämmen.

Die Provinz *KOSOVO* wird von allen anderen Landesteilen hermetisch abgeriegelt (mit Hilfe des Militärs), ein dreimonatiger Ausnahmezustand wird verhängt. Wochenlang dürfen weder Aus- noch Inländer das Amselfeld betreten.

Die höchsten Staats- und Parteifunktionäre im *KOSOVO* werden einer nach dem anderen gestürzt; teils werden sie zwangspensioniert, teils auch auf untergeordnete Posten abgeschoben. „Alte" Politiker, mit denen sich das Volk der Kosovo-Albaner nicht mehr identifizieren kann, werden von Belgrad aus eingesetzt, darunter Personen, die die Provinz in den sechziger Jahren regiert hatten.

Tausende werden in den nächsten Jahren vor Gericht gestellt, -zig Lehrer werden mit einem Berufsverbot belegt.

Die Strafjustiz im *KOSOVO* erinnert wieder an alte Zeiten: Delikte wie „Konterrevolutionäre Tätigkeit" standen auf der Tagesordnung der (Belgrader) Richter.

Die Universität in Pristina wurde nach den Unruhen auf unbestimmte Zeit geschlossen. Etwas Derartiges hatte es vorher nur einmal nach Studentenunruhen in Belgrad gegeben. Im gesamten *KOSOVO* wurden alle Sportveranstaltungen auf unbestimmte Zeit abgesagt.

Das bei den Demonstrationen geäußerte Verlangen der Albaner nach einem Republikstatus wird von den Belgrader Regierenden als indiskutabel verurteilt. Man befürchtet, daß bei einem relativ unabhängigen Status die (den Albanern unterstellte Behauptung) Möglichkeit des Zusammenschlusses *KOSOVO* -Albanien wahr werden könnte. Noch weiter gehen die Befürchtungen der Serben: Auch die Teile Mazedoniens, die von einer albanischen Bevölkerungsmehrheit bewohnt werden, könnten sich den Annektierungen durch die Albaner anschließen ((Tetovo, Gostivar pp.). Davon berührt werden könnte auch das südliche Montenegro mit seiner starken albanischen Bevölkerung (Gegend um Stari Bar).

Kosovo-Albaner

Hier in Pristina begannen die Unruhen. Die Universität wurde geschlossen.

Die jugoslawische Regierung befürchtete, Städte wie Tetovo oder Gostivar könnten sich dem Aufstand anschließen. Hier ein mazedonischer Polizist bei der Verkehrsregelung (1997) in Gostivar, einer Albaner-Hochburg.

Vor diesem Hintergrund kommt es unter den Volksgruppen zu einer noch stärkeren Entfremdung. Viele Familien, vor allem Serben, verlassen den *KOSOVO*.

Diese Entwicklung hatte es bereits Ende der sechziger Jahre gegeben, als zehntausende von Serben ins sog. engere Serbien gezogen sind, weil sie im *KOSOVO* keine Zukunft mehr sahen oder sich dort aufgrund der Majorität der Albaner (Stichwort Geburtenüberschuß) nicht mehr sicher fühlten.

Serbien versucht mit allen Mitteln, diese Flucht ihrer Bevölkerungsgruppe vom Amselfeld zu verhindern, obwohl sie dort schwerlich mehr als den Anspruch einer Minderheit beanspruchen können.

Noch in der heutigen Zeit kommt es im Amselfeld zu Ansiedlungen von serbischen Familien, die durch den Bürgerkrieg ihre Heimat verloren haben, z.B. die Ansiedlung von 50.000 Serben aus der Krajina.

Einem Regierungsbeschluß aus Belgrad zufolge (vom 13.1.1995) sollen insgesamt 100.000 serbische Kriegsflüchtlinge im *KOSOVO* angesiedelt werden. Landvergabe, billige Kredite, Schul- und Studienplätze sollen die Menschen überzeugen, in das Gebiet zu ziehen.

Nach nicht belegten Berichten sollen bislang nur sehr wenige Personen von dieser Möglichkeit Gebrauch gemacht haben (bis Ende 94 ca. 7.000 Serben).

Die Serben führen ihr „Serbisierungsprogramm" in allen Bereichen fort, so z.B. durch Änderung von Straßennamen, Vertreibung der Albaner durch Terror und Unterdrückung.

Verbunden mit diesen Maßnahmen ist natürlich eine starke Diskriminierung der albanischen Bevölkerung.

Nach den Unruhen von 1981 bestreitet Serbien den Albanern ihre illyrische Abstammung. Sie seien vielmehr thrakischer Abstammung.

Diese Behauptung führt dazu, daß viele zur Kooperation mit den Serben bereite Albaner sich nunmehr auch von den Serben abwenden.

Bei den Unruhen 1981 wurden Hunderte von Albanern verletzt, die Schätzungen bezüglich der Toten belaufen sich auf 30 bis hin zu einigen Hundert.

Tausende von Kosovo-Albanern wurden vor Gericht gestellt und zu Haftstrafen von bis zu 15 Jahren verurteilt (ein Mord, ein Hauptanklagepunkt, konnte keinem einzigen Albaner nachgewiesen werden).

In der Zeit von 1981 bis 1985 wurden 3344 Albaner wegen nationalistischer und feindlicher Tätigkeit verurteilt.

Kosovo-Albaner

Albaner werden aus allen öffentlichen Ämtern entfernt, albanische Polizisten werden entlassen, albanische Journalisten werden samt ihren Zeitungen, Rundfunk- und Fernsehsendungen verboten, das albanische Schulwesen wird zerschlagen: Die Albaner auf dem Amselfeld werden von den Serben auf den Status eines Kolonialvolkes heruntergedrückt. Doch nicht alle Kolonialvölker sind von ihren Kolonialherren so sehr mit physischen Mitteln unterdrückt worden wie die Albaner im *KOSOVO*.

Doch noch sollten die Leiden der Albaner kein Ende finden, im Gegenteil, es kam noch schlimmer:

Im Mai 1986 kommt Slobodan Milosevic an die Macht. Sein politisches Ziel ist ein geeintes Großserbien („Serbien ist, wo Serben leben").

Mit Härte geht er gegen die Albaner im *KOSOVO* vor, ebenso gegen serbische Oppositionelle. Er kritisiert die Politik seines Vorgängers Tito, wirft ihm vor, das Herzstück der serbischen Nation, den *KOSOVO*, an die Albaner verschenkt zu haben.

Im Mai 1988 findet in der autonomen Provinz Vojvodina eine Großdemonstration von Serben aus den Provinzen Vojvodina und *KOSOVO* statt. Die Serben protestieren gegen die angebliche Unterdrückung im *KOSOVO* durch die Albaner.

Milosevic reagiert darauf mit der Einschränkung der Autonomie in den beiden angesprochenen Provinzen. Im *KOSOVO* wird ein serbisches Regime eingeführt, woraufhin die albanischen Abgeordneten eine Unabhängigkeitserklärung verabschieden und die Republik *KOSOVO* ausrufen.

Milosevic reagiert mit weiteren Repressionen. Er zwingt die Provinzregierung der Vojvodina zum Rücktritt.

In Slowenien und Kroatien nehmen kritische Stimmen gegen die nationalistischen Töne in Belgrad und die Unterdrückung der Albaner im *KOSOVO* zu.

Im November 1988 demonstrieren annähernd 100.000 Albaner gegen die Unterdrückung durch die serbische Regierung.

Einen Tag später gehen in Belgrad ca. eine Million Serben auf die Straße, um der Forderung nach einer noch härteren Gangart gegen die Albaner im *KOSOVO* mehr Nachdruck zu verleihen.

Im Februar 1989 streiken Massen von Arbeitern im *KOSOVO* für den Erhalt ihrer Autonomie. In Belgrad wird dieser Streik als Konterrevolution bezeichnet.

Am 28.3.89 wird durch die serbische Regierung die Autonomie der Provinz *KOSOVO* aufgehoben, die politische Führung der Provinz wird verhaftet.

Es folgen wiederum Demonstrationen, gefolgt von Aktionen der serbischen Polizeieinheiten. Brutale Übergriffe sind wieder an der Tagesordnung, zahlreiche Personen werden verhaftet, verletzt und getötet. Der gesamte Staatsapparat im *KOSOVO* wird neu besetzt.

Das Europaparlament und der amerikanische Kongreß protestieren mit scharf formulierten Resolutionen (!).

Mit Billigung der jugoslawischen Bundesregierung setzt die Republik Serbien 1989 eine Verfassungsrevision durch, die es ihr erlaubt, nach und nach wieder die Kontrolle über Polizei und Justiz im *KOSOVO* zu übernehmen.

Menschenrechtsverletzungen sind an der Tagesordnung, ebenso Massaker an der (überwiegend) Zivilbevölkerung.

Die folgende Auflistung beinhaltet nur einige wenige Beispiele, entnommen aus diversen Berichten verschiedener Menschenrechtsorganisationen; sie erhebt weder den Anspruch auf Vollständigkeit noch auf Authentizität. Diese Auflistung soll dem Leser nur ein wenig bei seinem Bemühen unterstützen, einen Einblick in die Vergangenheit des kosovoalbanischen Volkes zu gewinnen. Vielleicht lernt er auf diese Weise, (für sich) die eine oder andere Reaktion dieses Volkes zu verstehen oder (zumindest) zu deuten.

Aus Berichten verschiedener Menschenrechtsorganisationen:

- albanische Viertel in den Städten werden in Brand gesetzt
- die serbische Bevölkerung wird bewaffnet
- Massenentlassungen von Albanern
- es werden nur noch Serben eingestellt
- von 1980 bis 1988 wurden 1300 Albaner wegen politischer Delikte zu Freiheitsstrafen verurteilt
- kaum eine Albanerfamilie ohne politischen Gefangenen
- Isolationshaft für Albaner
- Diskriminierung albanischer Soldaten in der Armee

Kosovo-Albaner

- Geburtenbeschränkung für Albaner
- Fortführung der Schauprozesse nach 1993, bis Sept. 94 insgesamt 84 Verurteilungen
- 94: mind. 80 Polizeibeamte verhaftet wegen Separatismus
- 94: mind. 16 Albaner getötet, darunter 6 durch Folter
- über 2100 Fälle von Polizeifolter
- fast 3.000 Personen willkürlich verhaftet
- ca. 2800 Personen zu Verhören vorgeladen
- ca. 90 Personen wegen Meinungsäußerungen verurteilt
- Vertreibung von über 80 Familien aus ihren Häusern
- ungezählte Geiselnahmen von Angehörigen Flüchtiger
- Belgrader Propagandaschriften, um die Stimmung im gesamten Land gegen die Albaner anzuheizen (z.B. Berichte über Massenvergewaltigungen in katholischen Klöstern durch Albaner)
- Entlassungen sämtlicher albanischer Ärzte, Krankenschwestern und Pfleger
- Entlassungen von Journalisten und Rundfunk- und Fernsehbediensteten
- Massenentlassungen von albanischen Lehrern
- Enteignungen von Firmenbesitzern
- ein serbischer Kommissar übt die Gewalt im *KOSOVO* aus
- Entlassung aller albanischen Polizisten
- Zerschlagung des albanischen Schulwesens
- albanische Zeitungen, Rundfunk und Fernsehen wurden verboten
- Einsatz von Maschinengewehren und DumDum-Geschossen gegen kosovo-albanische Bevölkerung

- Tötung von vielen Albanern durch Kopfschüsse und Schüsse in den Rücken (allein im Januar und Februar 1990 wurden 90 Albaner bei Demonstrationen erschossen)
- ungezählte Untersuchungshäftlinge wurden geprügelt
- mindestens 245 Albaner, die meisten aus der Intelligenz, wurden 1989 in die Isolation verschleppt
- nach Schätzungen sind seit April 1981 Zehntausende von Albanern als politische Gefangene durch die Gefängnisse gegangen
- allein zwischen 1981 und 1985 wurden 3344 Albaner wegen nationalistischer und feindlicher Tätigkeit verurteilt
- im Sommer 1988 waren der Gesellschaft für bedrohte Völker 474 albanische politische Gefangene namentlich bekannt; die unbekannten konnte niemand zählen
- über 3500 albanische Haushalte wurden 94 nach Waffen durchsucht, in über 95 % mit negativem Ausgang

Urteile:

- ein albanischer Historiker bekam 14 Jahre Gefängnis für sein Buch über die Geschichte Albaniens
- ein Rundfunkreporter wurde zu 11 Jahren verurteilt wegen angeblichen Verstoßes gegen den Grundsatz der Brüderlichkeit und Einheit
- Achtzehnjährige bekamen 5 oder 7 Jahre schweren Kerker, weil sie an einem Umzug teilgenommen hatten

Politische Situaton im Kosovo heute

Im März 1990 erkrankten auf dem Amselfeld mehr als tausend Kinder, vor allem Schulkinder, an einer schweren Vergiftung. Der Verdacht besteht, daß die serbische Geheimpolizei die Kinder mit Gift umzubringen versuchte, um ganz einfach die albanische Bevölkerung auf dem Amsel-

Kosovo-Albaner

feld zu reduzieren (Stichwort: Geburtenbeschränkung; diese These wurde so aus einem Menschenrechtsbericht übernommen).

Nach Angaben einiger Serben ist es der größte Fehler gewesen, den besten Boden den Albanern überlassen zu haben statt ihn zu nationalisieren.

Die Albaner seien das einzige Volk, das zum Schaden der Serben ihre ethnische Grenze nach Norden und Osten verschieben kann wie es will.

Dieses Volk könne man nicht mit schrittweiser Kolonisation bezwingen; das einzige Mittel sei Anwendung brutaler Gewalt durch eine organisierte Staatsmacht.

Dringend erforderlich seien Massenaussiedlungen von Albanern nach Albanien und in die Türkei.

Erreichen will man dieses Ziel mit Geld und Drohungen und mit allen Mitteln des Druckes, die dem Staatsapparat zur Verfügung stehen.

Zur Realisierung dieser Zielsetzung soll die ganze alte Tschetnik-Aktivitätspalette wieder in Gang gesetzt werden:

> -Dörfer und Wohnviertel der Albaner in Brand setzen („erst die Dörfer, dann die Städte von Albanern leeren!")
> -Bewaffnung der serbischen Bevölkerung und der serbischen Ausiedler, die in den KOSOVO gesandt werden.

In der heutigen Zeit gibt es wieder einige Zeitungen, die in albanischer Sprache herausgegeben werden. Die Verleger und Journalisten handeln und schreiben sicherlich nicht völlig frei, sondern haben bei Erteilung der erforderlichen Konzessionen den verantwortlichen Serben Zugeständnisse machen müssen.

Ihre Aussagen sind in aller Regel gemäßigt und nicht sonderlich sensationell. Sie verlangen den Autonomiestatus für ihre Provinz und bieten als Gegenleistung das Verbleiben des KOSOVO im serbischen Staatsverband an.

Diese Personen beklagen sich selbstverständlich in Gesprächen über Bevormundungen und Demütigungen der Kosovo-Albaner durch die Begrader Serben, auf der anderen Seite bezweifeln sie, daß im Falle einer „Balkanischen Intifada", eines Aufstandes der albanischen Steineschleuderer gegen die schwerbewaffneten serbischen Milizen, vom Westen her auch nur die geringste Hilfe zu erwarten ist. Der Westen ist nach vorherrschender Ansicht passiv, ein vielleicht bei einigen Gutgläubigen erwartetes Intervenieren der Vereinigten Staaten von Amerika ist aufgrund der geographischen Lage des *KOSOVO* nicht zu erwarten (strategisch uninteressant, ebenso pekuniär).

Nach Ansicht von Diplomaten, die ihren Dienst in Ex-Jugoslawien verrichtet haben, spielt das Amselfeld heute die Rolle, die Piemont einst beim Zusammenschluss Italiens gespielt hat.

Die Serben klammern sich mit fanatischer Besessenheit an dieses Territorium, wo sie zahlenmäßig nur noch sehr schwach verteten sind, insbesondere nach den Massenabwanderungen von Serben im 16. und im ausgehenden 17. Jahrhundert (heute nur noch ca. 8 % der Gesamtbevölkerung). In den Augen der Serben gilt der *KOSOVO* als unveräußerliche Heimstatt ihrer Nation, nachdem sie am St. Veits-Tag im Jahre 1389 in der Entscheidungsschlacht auf dem Amselfeld gegen die Türken unterlegen waren.

Die logische Folge dieses geschichtlichen Ereignisses sind eben die bis heute andauernden Schikanierungen der Kosovo-Albaner. Ein islamisches Leben ist im *KOSOVO* ohnehin nach den gottlosen kommunistischen Kampagnen der Vergangenheit nicht mehr möglich, noch viel weniger als in Bosnien, der eigentlichen Hochburg der Anhänger des islamischen Glaubens.

Die Skipetaren berufen sich zu Recht auf ihre illyrische Nationalität und Sprache, die keinerlei Verwandtschaft mit dem Slawentum besitzt.

Trotz aller Zwangsmaßnahmen seitens der Serben gegen die Albaner behaupten sich diese bis zum heutigen Tag. Das hängt nicht zuletzt damit zusammen, daß die ca. 800.000 Albaner im Ausland dazu verpflichtet sind, mindestens 3 % ihres Verdienstes in die Heimat zu senden.

Kosovo-Albaner betreiben auch heute noch einen schwunghaften Handel mit Waren aller Art, obwohl ihnen dies in der Heimat durch diverse Maßnahmen fast unmöglich gemacht worden ist.

Mit Hilfe dieses Handels und dem daraus resultierenden Kapital verfügen die Kosovo-Albaner über die finanziellen Mittel, neben den „verordneten" serbischen Schulen und Krankenhäusern eigene derartige Verwaltungen bis hin zu Municipalverwaltungen zu organisieren und zu realisieren. Dadurch festigt sich natürlich auch ihr Zusammenhalt gegen die serbische Unterdrückungspolitik.

Unter Führung von Ibrahim Rugova ist es ihnen gelungen, sich eine eigene Schattenregierung zuzulegen. Die Wahl fand 1991 nach einem nicht-öffentlichen Referendum statt. Die Serben haben die Wahl zwar nicht gestört, sie aber auch nicht anerkannt und für illegal erklärt.

Kosovo-Albaner

Rugova kann es sich nicht zuletzt aufgrund seines internationalen Renommees (als bedeutsamer Dichter) leisten, im Lande zu bleiben.

Wegen seines weltweiten Rufes kann er davon ausgehen, geschützt zu sein.

Seit 1991 finden im *KOSOVO* keine Demonstrationen mehr statt.

Obwohl die serbischen Sicherheitskräfte im *KOSOVO* laufend verhindern, daß sich westliche Besucher mit der Führung der Albaner unterhalten, wurde dagegen eine eingeschränkte Reisetätigkeit Rugovas geduldet. Er traf sich z.B. am 16.12.1994 in Bonn mit Bundesaußenminister Kinkel.

Am 14.7.94 fand in Pristina der 2. Parteikongreß der DBK (größte Partei der Kosovo-Albaner) ohne Störungen durch serbische Sicherheitskräfte statt. Ibrahim Rugova wurde auf diesem Kongreß als Parteivorsitzender bestätigt.

Die Demokratische Liga, der er vorsteht, gibt sich in heutiger Zeit mit einer Autonomie des *KOSOVO* nicht mehr zufrieden. Sie visiert vielmehr die volle Unabhängigkeit von Serbien an. Hintergrund ist, daß die gemäßigte Politik Rugovas sich bislang erfolglos um eine Lösung des Kosovo-Problems bemüht hat und daß zunehmend Vertreter einer radikaleren Lösung Zulauf bekommen.

Die Albaner äußern vermehrt die Besorgnis, bei einer Lösung des Friedensprozesses um Bosnien und Kroatien vergessen zu werden (und das, wie die jüngste Vergangenheit zeigt, nicht zu Unrecht).

Die politischen Vertreter der Kosovo-Albaner stellen folgende Forderungen auf:

- das Recht, an der Genfer Konferenz mit eigener Delegation teilzunehmen
- Wiederherstellung der Autonomie nach einer internationalen Verwaltung des *KOSOVO*
- Errichtung einer Republik Kosova.

Zur Durchsetzung dieser Ziele betreiben die die kosovo-albanischen Verwaltungsbehörden eine konsequente Verweigerungspolitik gegenüber den serbischen Institutionen (Schulen, Universitäten, Wehrdienst usw.).

Eine von Rugova wiederholt geforderte Beiziehung von einer neutralen dritten Partei wie den USA wird von den Serben kategorisch abgelehnt.

Langfristig haben die Verantwortlichen im *KOSOVO* nach wie vor das Ziel einer Vereinigung mit Albanien, obwohl dieses Ziel nicht mehr öffentlich genannt wird.

Die Folge wäre - sollte dies eintreten - die Existenz von zwei albanischen Staaten, wobei der *KOSOVO* nicht zuletzt wegen der Entwicklungspolitik Marschall Titos sich auf einem höheren Niveau befinden würde als das „Mutterland" Albanien.

Auch in heutiger Zeit kommt es zu Abwanderungen von in erster Linie jungen männlichen Wehrpflichtigen, überwiegend in Richtung Mazedonien, wo sie dann das ohnehin schon zahlenmäßig starke Bevölkerungspotential der Albaner noch vermehren.

Auszüge aus der Verfassung der BRJ (Bundesrep. Jugoslawien)

Art. 11
„Die Bundesrepublik Jugoslawien anerkennt und verbürgt die Rechte der nationalen Minderheiten auf Bewahrung, Entwicklung und Äußerung ihrer ethnischen, kulturellen, sprachlichen und sonstigen Besonderheiten sowie den Gebrauch nationaler Symbole im Einklang mit dem Völkerrecht!"

Art. 15
„...In den Gebieten der Bundesrepublik Jugoslawien, in denen nationale Minderheiten leben, sind im Einklang mit dem Gesetz auch deren Sprachen im amtlichen Gebrauch!"

Art. 20
„Die Bürger sind gleich, ungeachtet ihrer nationalen Zugehörigkeit, Rasse, ihres Geschlechts, ihrer Sprache, Konfession, politischen oder sonstigen Überzeugung, Bildung, sozialen Herkunft, Vermögenslage und sonstigen persönlichen Eigenschaften.

Alle sind vor dem Gesetz gleich.

Jeder ist verpflichtet, die Freiheiten und Rechte der anderen zu respektieren und trägt dafür die Verantwortung!"

Art. 45
„Die Freiheit, die eigene nationale Zugehörigkeit und Kultur zum Ausdruck zu bringen sowie die eigene Sprache und Schrift zu gebrauchen, ist verbürgt.

Niemand ist verpflichtet, sich zu seiner nationalen Zugehörigkeit zu äußern!"

Art. 46
„Die Angehörigen der nationalen Minderheiten haben im Einklang mit dem Gesetz ein Recht auf Schulbildung in der eigenen Sprache!"

Kosovo-Albaner

Im *KOSOVO*

Pristina ist die Hauptstadt und Metropole des *KOSOVO*. Die zentrale Lage innerhalb der Provinz, die Wirtschaft, die Verkehrsanbindungen (Bahnlinien, Straßen) und die Bevölkerungsdichte machen Pristina zum bedeutendsten Zentrum im *KOSOVO*. Hier befindet sich auch die einzige Universität der Provinz, die allerdings in heutiger Zeit nicht mehr in dem Umfang genutzt (werden kann, s.o.), wie es vor Ausbruch der Unruhen im *KOSOVO* der Fall war.

Auf den Reisenden macht Pristina einen seelenlosen Eindruck. Mehrere Stadtplaner und -bauer haben sich in der Stadt ausgetobt. Die gewaltige Bibliothek hat ein Dach aus Stahl erhalten, das den Besucher doch sehr an ein Spinnennetz erinnert. Die Fassade einer Behörde (für Import und Export) ähnelt nach den Erinnerungen eines Reisenden einer „gigantischen Orgel aus Beton".

Der Verkehr auf den Straßen ist sehr intensiv, wesentlich intensiver als auf den Straßen der Städte im serbischen Teil Ex-Jugoslawiens.

Der Besucher sieht sich einer Bevölkerung gegenüber, bei der sich blondes mit schwarzem Haar abwechselt.

Auffallend bei der Betrachtung der Bevölkerung ist der sehr hohe Anteil der Jugendlichen (s.o.), die auch meist nach westlichem Vorbild gekleidet sind.

Die repressive Kulturpolitik Belgrads hat es scheinbar nicht geschafft, die Kosovo-Albaner gänzlich zu unterdrücken. Noch immer laufen auf den Straßen jüngere Menschen mit Büchern unter dem Arm herum, offenbar Studenten, die trotz aller Repressionen die Universität ihres Landes weiter besuchen. Ein auffallend großer Teil der offensichtlichen Studenten sind Mädchen.

Dazu ist historisch zu ergänzen, daß es zu Lebzeiten Titos prozentual gesehen einen größeren Anteil der Bevölkerung an Studenten im *KOSOVO* als in allen anderen Landesteilen gab. Heute gibt es allerdings kaum noch Zahlen über die Belegung der einzelnen Studienfächer. Es ist mir nicht gelungen, z.B. die Zulassungszahlen für das ehemals zum Streitpunkt gewordene Fach *Albanologie* zu erhalten.

Neben Pristina spielt insbesondere auf wirtschaftlichem Gebiet die Stadt Mitrovica eine bedeutende Rolle. Hervorzuheben sind die Kohlenbergwerke, die einen Großteil der arbeitenden Bevölkerung Mitrovicas beschäftigen.

Kosovo-Albaner

Bereits 1986 haben die Grubenarbeiter sich an Anti-Belgrad-Demonstrationen beteiligt und machten damit auf sich aufmerksam. Wie bei den übrigen Demonstrationen der Provinz, wurde auch dieser Aufstand blutig und brutal niedergeschlagen.

Eine weitere erwähnenswerte Stadt ist Pec. Die Gründung der Kathedrale von Pec ist Bestandteil der patriotischen serbischen Legende.

Pec liegt im südwestlichen Zipfel der Provinz *KOSOVO* .

Die Bevölkerung im Zentrum dieses christlichen Wallfahrtsortes setzt sich zu mehr als 90 % aus moslemischen Albanern zusammen.

Die Stadt Prizren weist sich durch die Zahl ihrer wuchtigen Moscheen als osmanisches Relikt und als Hochburg albanischen Widerstandes aus.

Im gesamten *KOSOVO* wird an allen Orten hektisch gebaut. Große Gehöfte und mehrgeschossige Privathäuser schießen wie Pilze aus dem Boden. Die meisten dieser Bauten bestehen nur aus Backsteinen und werden aus steuerlichen Gründen nicht verputzt (erst nach kompletter Fertigstellung wird die Eintreibung einer Immobiliensteuer fällig).

Nach alter orientalischer Überlieferung werden auch heute noch die Anwesen der islamischen Albaner von hohen Schutzmauern umgeben. Damit werden insbesondere neugierige Blicke vor allem auf die weiblichen Familienmitglieder verhindert.

Im Kosovo schießen Häuser wie Pilze aus dem Boden. Ein hoher Polizeibeamter leicht zynisch: „Finanziert" von Kosovo-Albanern, die für ein halbes Jahr in der Schweiz, in Österreich oder in Deutschland „arbeiten". Hier eine Neubausiedlung auf dem Lande. Die Häuser sind überwiegend noch nicht verputzt.

Kosovo-Albaner

Die Interpretation der Serben zu dieser Form der Abkapselung ist natürlich eine völlig konträre. Sie beziehen die Einigelung als Affront gegen sich und überziehen derartige Anwesen nicht selten mit polizeilichen Maßnahmen in Form von Hausdurchsuchungen, da die Bewohner in ihren Augen ja wohl etwas zu verbergen suchen.

In Mazedonien

Mazedonien befürchtet, daß bei Ausbruch einer bewaffneten Auseinandersetzung zwischen Serben und Kosovo-Albanern ein Balkankrieg mit unabsehbarer Ausweitung bevorstünde (siehe auch weiter unten: Serbien und Albanien).

Diese Ansicht wird sowohl vom Präsidenten in Tirana, Berisha, als auch von seinem Amtsbruder Gligorow in Mazedonien geteilt.

Wie oben erwähnt, kommen schon heute zahlreiche Kosovo-Albaner nach Mazedonien, um sich der Einberufung in die serbische Armee zu entziehen. Dieser Umstand heizt natürlich auch in Mazedonien die lokalen Spannungen an, da der Bevölkerungsanteil der Albaner dadurch ständig zuungunsten der Mazedonier zunimmt.

Die männlichen Kosovo-Albaner, die sich für immer in Mazedonien niederlassen wollen, müssen damit rechnen, in die mazedonische Armee eingezogen zu werden. Das wird von ihnen aber kategorisch abgelehnt mit dem Bemerken, daß die in Mazedonien lebenden Albaner nicht mehr Rechte erhalten als diejenigen im serbisch-besetzten *KOSOVO*.

In Mazedonien leben diverse Volksgruppen neben- oder miteinander. Außer 65 % Mazedoniern leben dort noch:

- 21 % Albaner
- 5 % Türken
- 3 % Roma
- 2 % Moslems
- 2 % Serben.

Gligorow duldet nach eigenen Bekundungen in seinem Lande weder christlichen noch moslemischen Fundamentalismus.

Als Garantie für den dauerhaften Frieden fordert er die Entsendung von rund 800 amerikanischen Soldaten an der Grenze zu Serbien, die inzwischen auch entsandt worden sind. In naher Zukunft sollen diese Truppen noch durch weitere GI´s verstärkt werden.

Kosovo-Albaner

Die Staatsgrenze von Mazedonien nach Albanien: Republika de Skoiperise - Land der Skipetaren = Albanien.

Blick von der mazedonischen Grenzstation über den Orhid-See nach Albanien. Dahinter die riesigen Gebirgszüge mit der Verbindungsstraße nach Tirana.

Kosovo-Albaner

Stark bewachter albanischer Grenzturm mit Blickrichtung Mazedonien.

Die Grenze von Albanien nach Mazedonien. Hier der Beginn der Republik Mazedonien. Dahinter der riesige Orhid-Grenzsee.

Kosovo-Albaner

Die Hauptverkehrsstraße in Gostivar. Neben PS-starken westeuropäischen Kraftfahrzeugen ist das Pferdefuhrwerk immer noch ein gängiges Transportmittel.

Die mazedonische Polizei in Gostivar hat es schwer mit ihren veralteten Streifenwagen und der fehlenden Technik, in dieser Stadt mit einem hohen Albaneranteil.

Kosovo-Albaner

Eine Polizeistation mit der bei Albanern beschlagnahmten Fahrzeugen. Gestohlen in der Schweiz, in Belgien, in den Niederlanden und in Deutschland.

Die Hauptstadt Mazedoniens, Skopje, ist zwischenzeitlich Hauptanziehungspunkt für junge Kosovo-Albaner. Bars und Spielsalons sind ihre bevorzugten Treffpunkte.

In Tetovo, der zweitgrößten Stadt in Mazedonien, bilden die Albaner ca. 80 % der Bevölkerung. Die Stadt gilt auch als zweite Hauptstadt der Republik Mazedonien.

Tetovo macht den Eindruck, als sei hier die Osmanenzeit stehengeblieben. Der frühere Hammam (türkisches Bad) beherbergt zwar heute eine Pizzeria und viele junge Mädchen laufen unverschleiert herum; dennoch tun diese Umstände dem Gesamteindruck keinen Abbruch.

Nicht nur zwischen Christen und Muslimen herrscht eine heimliche, aber deutlich spürbare Abneigung. Auch innerhalb der byzantinischen Glaubensgemeinschaft haben alte Gegensätze überlebt und werden durch nationale Gegensätze neu entfacht.

„Die Albaner und Muslime sind von den herrschenden Jugoslawen stets an den Rand gedrückt worden." Beamtenposten werden den Muslimen auch heute noch versperrt. Gligorow versuchte vielfach, ein Gleichgewicht zwischen beiden Gruppen herzustellen, aber er stößt dabei auf den Widerstand und die Apathie seiner Landsleute.

Das führte dann dazu, daß viele Mazedonier, in erster Linie allerdings Moslems, als Gastarbeiter ins europäische Ausland gingen, vor allem nach Skandinavien, nach Deutschland und in die Benelux-Staaten.

Diese Menschen kennen sich heute in der westlichen Industriegesellschaft besser aus als in einer von „schwerfälligen Slawen geführten Wirtschaft. Diese Slawen haben zu Beginn des Jahrhunderts ihren Pflug und ihre Hacke gegen Bürosessel einer inkompetenten Verwaltung oder gegen den Knüppel einer korrupten Polizei eingetauscht."

Die mazedonischen Albaner stehen den sog. Kosovanern mit Distanz gegenüber. Sie halten ihre Nachbarn jenseits der Grenze für keine guten Muslime, die nur „Faulenzer und Profiteure sind", während die eigene Jugend brav in die Moscheen geht und ein ordentliches moslemisches Leben führt.

Glaubensprobleme/Konvertierungen

Nach Ansicht eines orthodoxen serbischen Geistlichen wird sich das eigentliche Drama im *KOSOVO* wieder einmal auf konfessionellem Gebiet abspielen.

KOSOVO sei das Ursprungsgebiet des Serbentums und dort befänden sich seit dem Mittelalter die ehrwürdigen und unverzichtbaren Heiligtümer des serbischen Glaubens. „Der *KOSOVO* ist unser Jerusalem!"

Ursprünglich, d.h. bis zur Eroberung der Gebiete durch die Türken, war die albanische Bevölkerung Anhänger des katholischen Glaubens.

Kosovo-Albaner

Unter dem Druck der türkischen Herrschaft konvertierten dann überwiegende Teile der Bevölkerung zum Islam. Der Druck seitens der Türken gipfelte darin, daß den Menschen, die weiterhin dem katholischen Glauben angehören wollten, mit einer Vertreibung nach Asien gedroht wurde. Die Reise nach Asien war zu Zeiten des Mittelalters in aller Regel eine Fahrt ins Ungewisse, mußte sie doch mit Pferd oder Esel und Wagen (sofern vorhanden) durchgeführt werden, durch diverse fremde und zum Teil feindliche Länder. Nach Überlieferungen ist es von den Personen, die diese Reise angetreten hatten, nur wenigen gelungen, ein neues Siedlungsgebiet zu erreichen.

Unter diesem Druck zog es die Mehrheit der bis dahin katholischen Albaner vor, zu konvertieren und Moslem zu werden.

Bis zum heutigen Tage sind ca. 80 % der Kosovo-Albaner Moslems.

Bezüglich der Konvertierung kam und kommt noch ein weiterer Punkt hinzu: Aufgrund der schon vor der Türkeneroberung vorhandenen Spannungen zwischen Albanern und Serben lag in der Annahme des moslemischen Glaubens auch eine zusätzliche Protesthaltung seitens der Albaner.

Wie bei fast allen moslemischen Völkern gibt es auch unter den Albanern Anhänger der sunnitischen und der alevitischen Glaubensrichtung.

Serben und Tirana-Albaner

Seit der Schlacht auf dem Amselfeld ist das Verhältnis zwischen Serben und Albanern durchgängig als gespannt zu betrachten.

Serbien wird von Tirana aus beschuldigt, die albanischen Bürger im *KOSOVO*, in Mazedonien und in Montenegro brutal zu unterdrücken.

Nach Ansicht der Belgrader Regierung mische sich die albanische Führung in Tirana ständig in innenpolitische Geschehnisse in Serbien ein, wiegle sogar die albanischen Minderheiten zu Gewaltmaßnahmen gegen Serbien auf.

Die totale Loslösung Albaniens von Serbien erfolgte 1948, als Stalin Tito verdammte. Enver Hodscha sah seine Stunde gekommen, um mit den Serben abzurechnen. Er schloß sich eng an die Sowjetunion an, teilte die Verurteilungen Stalins gegen die Serben.

Später löste sich Albanien (immer noch unter Hodscha) aus dem Warschauer Pakt und suchte sein Heil in einer Verbrüderung mit China.

Doch auch diese Verbindung hielt nicht lange.

1977 erklärte sich Albanien für völlig unabhängig und igelte sich gewissermaßen in den eigenen Grenzen ein.

Nach dem Tode Enver Hodschas wurde Sali Berisha neuer Regierungschef.

Nach seiner Ansicht hat der KOSOVO eine düstere Zukunft vor sich.

Sollte es im KOSOVO zu einer militärischen Auseinandersetzung zwischen Kosovo-Albanern und Serben kommen, würde sich dieser Konflikt zwangsläufig auch auf die benachbarte Republik Mazedonien ausdehnen (wegen der dort vorhandenen albanischen Bevölkerungsminderheit).

Die Welt hätte es dann nicht mehr mit einem konfessionellen Lokalkonflikt wie in Bosnien zu tun, sondern mit der „Explosion des balkanischen Pulverfasses'".

Zwischenzeitlich wurde Berisha nach schweren Unruhen, Eingreifen einer internationalen Schutztruppe und Neuwahlen im Juli 1997 von Quemal Mejdani als Präsident abgelöst, der aus der Partei Enver Hodschas hervorgegangen ist.

Entschließung des europäischen Parlamentes vom 11.10.90

„Das europäische Parlament ,

A. zutiefst beunruhigt über die Lage der Menschenrechte im Kosovo, wo es seit allzu langer Zeit wiederholt zu schweren Zusammenstößen zwischen der Polizei der Teilrepublik und der örtlichen Bevölkerung gekommen ist, die mehreren Dutzend Menschen das Leben gekostet und zu wahllosen Verhaftungen und schwersten Menschenrechtsverletzungen geführt haben, und angesichts der zahlreichen Ermordungen und der Verhaftung von 6 ehemaligen Mitgliedern der örtlichen Regierung am 21. September, darunter der frühere Ministerpräsident Jusuf Zeijnulahu und der frühere Innenminister,

B. betroffen über die Auflösung der Versammlung der autonomen Region Kosovo durch die Behörden der serbischen Teilrepublik, die Zensur der Informationsquellen und die Schließung von Zeitungs- und Fernsehredaktionen sowie über die Verweisung hunderter Ärzte und Krankenpfleger albanischer Abstammung aus den Krankenhäusern und die Entlassung von über 11.000 Arbeitnehmern aus ethnischen Gründen,

C. angesichts der Verstärkung der zivilen und militärischen Sondereinheiten

D. angesichts der Tatsache, daß am 29. August 1990 Mitglieder der internationalen Menschenrechtsvereinigung von den serbischen Behörden aus dem Kosovo ausgewiesen wurden,

Kosovo-Albaner

E. angesichts der Unterstützung durch die slowenische und die kroatische Republik, die ihre Solidarität mit Kosovo bekundet haben,

F. in der Befürchtung, daß in dieser Lage die Bedingungen für einen freien und demokratischen Ablauf der Wahlen in der Teilrepublik im Dezember sowie auf bundesstaatlicher Ebene im Januar 1991 nicht gegeben sind,

G. in der Befürchtung, daß sich durch eine mögliche weitere Verschärfung der Spannungen die Ereignisse überstürzen und es zu einem Bürgerkrieg kommt, in dem die schon jetzt erheblichen Gegensätze zwischen den verschiedenen Teilrepubliken noch verschärft werden und weitere ethnische Gegensätze zutage treten,

H. in Sorge um die Unversehrtheit des jugoslawischen Staatsgebiets, in welchem institutionellen Rahmen auch immer Jugoslawien gegenwärtig oder künftig besteht,

1. verurteilt jede Verletzung der Menschenrechte und bürgerlichen Rechte im Kosovo durch die serbischen Behörden;

2. fordert die serbischen Behörden auf,

> -die militärischen Kräfte aus Kosovo abzuziehen,
>
> -alle seit 1981 inhaftierten politischen Häftlinge freizulassen,
>
> -jede Art von Mord, Folter, willkürlicher Verhaftung und unmenschlicher Behandlung gegenüber politischen Häftlingen albanischer Abstammung einzustellen, die Zensur aufzuheben und die seit März 1989 entlassenen Albaner wieder in ihren Arbeitsplatz einzuweisen;

3. fordert die Wiedereinsetzung der mit Amtsgewalt aufgelösten parlamentarischen Organe und die erneute Öffnung von Zeitungsredaktionen und regionalen Rundfunk-und Fernsehstationen unter Achtung der Informations- und Meinungsfreiheit;

4. fordert, daß bei den nächsten Wahlen Freiheit und demokratische Grundsätze gewährleistet sind; hält außerordentliche Anstrengungen der serbischen Behörden und der Vertreter der albanischen Bevölkerung vom Kosovo für erforderlich, um einen Waffenstillstand zu erreichen, der die Aufnahme eines Dialogs und die Ausarbeitung eines vernünftigen Kompromisses zu den Problemen der Autonomie der Region und der Rechte und Garantien für die in diesem Gebiet lebenden Volksgruppen ermöglicht;

5. beschließt, die Delegation für die Beziehungen zu Jugoslawien nach Kosovo zu entsenden, und ersucht in diesem Zusammenhang die jugoslawischen Behörden sicherzustellen, daß sie ungehindert reisen und ihre Gesprächspartner auswählen kann;

6. bekräftigt seine Bereitschaft zur Unterstützung der Bemühungen, die die Bundesregierung zur Sanierung der Wirtschaft, zum Übergang zu einer sozialen Marktwirtschaft, zur Demokratisierung der Institutionen und zur Annäherung der Institutionen und der jugoslawischen Wirtschaft an die europäische Gemeinschaft unternommen hat;

7. fordert die Kommission auf, die Verhandlungen über das Finanzprotokoll Jugoslawien-EG vollständig von der Respektierung der Menschenrechte im Kosovo und der Schlußakte von Helsinki abhängig zu machen;

8. beauftragt seinen Präsidenten, diese Entschließung der Kommission, dem Rat, den Regierungen Jugoslawiens und Serbiens und den in der EP 2 zusammentretenden Ministern zu übermitteln.

„Der Koordinationsrat der albanischen politischen Parteien in Jugoslawien"

Der Koordinationsrat der albanischen politischen Parteien in Jugoslawien hat zur Lösung der albanischen Frage und zur aktuellen Lage in Jugoslawien folgende

politische Deklaration

beschlossen:

A. Die albanische nationale Frage ist in Jugoslawien seit der Bildung eines albanischen Staates im Jahre 1913 ungelöst geblieben. Seit damals befindet sich die Hälfte der albanischen Bevölkerung außerhalb der Grenzen Albaniens, obwohl sie ein geschlossenes Territorium bewohnt, in dem sie alteingesessen ist. Den Albanern in Jugoslawien wurden immer ihre legitimen und nationalen Rechte und Bürgerrechte verwehrt.

B. Die Albaner in Jugoslawien waren dieser Situation ausgesetzt, da in ihrem Falle keines der allgemein anerkannten Kriterien für Grenzziehungen respektiert wurde. Nach dem zweiten Weltkrieg wurden die Albaner in Jugoslawien außerdem auf mehrere Bundeseinheiten aufgeteilt: auf Kosova, Serbien, Mazedonien und Montenegro. Die Albaner im Kosova haben seit 1945 eine eingeschränkte politische Autonomie, die durch die Bundesverfassung von 1974, die noch immer in Kraft ist, etwas erweitert

Kosovo-Albaner

wurde und in der Kosova als konstitutive Einheit der jugoslawischen Föderation gilt.

C. Serbien hat durch einen Bruch der Bundesverfassung die Autonomie Kosovas aufgehoben, das regionale Parlament, die Regierung des Kosova und die lokalen Parlamente und Regierungbehörden aufgelöst; Serbien hat ferner die Massenmedien in albanischer Sprache geschlossen, an die 100.000 albanische Werktätige von ihren Arbeitsplätzen entfernt. Serbien hat das albanische Schulsystem zerstört und ist dabei, es auf allen Ebenen zu beseitigen.

D. Die Albaner in Jugoslawien haben ein ganzes Jahrzehnt hindurch friedliche Proteste organisiert, doch alle wurden von der serbischen Polizei und der Bundespolizei brutal niedergeschlagen; über 100 Menschen wurden erschossen, mehrere 100 verletzt, mehrere 1.000 albanische Schüler auf mysteriöse Weise vergiftet, Tausende Albaner aus politischen Gründen eingekerkert und über die Hälfte der Bevölkerung von der Polizei auf brutale Weise verfolgt. Repression, vor allem im Kosova, bestimmt den Alltag der Albaner, die Lage ist unhaltbar geworden.

E. Da sich Jugoslawien für die Lösung nationaler und bürgerrechtlicher Fragen als erfolgloses Modell erwiesen hat, haben die albanischen Abgeordneten des Kosova-Parlamentes - die jetzt im Exil sind - am 2. Juli 1990 die Unabhängigkeit und am 7. September 1990 die Republik Kosova deklariert. Diese Schritte waren das Resultat des Beginns der Restrukturierung Jugoslawiens.

Die albanischen politischen Parteien in Jugoslawien, die entschlossen sind, auf der Basis des Rechtes jedes Volkes auf Selbstbestimmung und der Grundsätze der KSZE und der Konferenz von Paris den Weg einer friedlichen und demokratischen Lösung weiterzugehen, bieten für die Lösung der albanischen Frage in Jugoslawien sowie für die Lösung der jugoslawischen Krise im allgemeinen folgende Optionen an:

1) Sollten die äußeren und inneren Grenzen Jugoslawiens unverändert bleiben, dann muß Kosova den Status einer Republik, eines souveränen und unabhängigen Staates, erhalten, mit dem Recht, dem Bund anderer souveräner Staaten in Jugoslawien beizutreten.

Die Albaner im Kosova bilden 90 % der Bevölkerung, während Serben, Montenegriner und andere ethnische Gruppen 10 % ausmachen. Was die Fragen der Serben, Montenegriner und anderer ethnischer Gruppen im Kosova betrifft, garantieren wir diesen selbstverständlich alle nationalen Rechte und Bürgerrechte. Die Albaner in Mazedonien (rund 40 % der Bevölkerung) sowie in Serbien und Montenegro sollten den Status eines *staatsbildenden Elements erhalten und alle nationalen Rechte und Bürgerrechte genießen.*

2) Sollten die inneren Grenzen zwischen den Republiken geändert werden, verlangen die Albaner in Jugoslawien die Bildung einer albanischen Republik in Jugoslawien auf der Basis der ethnischen und anderen Prinzipien, die für Serben, Kroaten, Slowenen und andere Völker Jugoslawiens zur Anwendung kommen.

3) Sollten die äußeren Grenzen Jugoslawiens geändert werden, so verlangen die Albaner in Jugoslawien, daß eine Volksabstimmung unter internationaler Aufsicht allein über eine Wiedervereinigung des Kosova und anderer albanischer Territorien Jugoslawiens mit Albanien entscheiden soll. Die albanischen Parteien Jugoslawiens akzeptieren das Ergebnis der Volksabstimmung vom 26. - 30. September 1991, die für eine souveräne und selbständige Republik ausfiel.

Die Krise in Jugoslawien begann im Kosova, als die Albaner ihre Unzufriedenheit mit ihrer Lage zum Ausdruck brachten. Sie kann nicht ohne die Beteiligung von rund 3 Millionen Albanern in Jugoslawien, der nach den Serben und Kroaten zahlenmäßig stärksten Nation, gelöst werden. Schließlich würde eine entsprechende Lösung der albanischen Frage in Jugoslawien die Albaner auf dem Balkan (rund 7 Millionen) zu einem stabilisierenden Faktor nicht nur in dieser Region, sondern für ganz Europa werden lassen.

Der Präsident des Koordinationsrates der albanischen politischen Parteien in Jugoslawien

12.10.1991   gez. Dr. Ibrahim Rugova"

Folgende albanische politische Parteien gehören dem Ausschuß an:

-Demokratische Liga von Kosova
-Partei der demokratischen Prosperität, Mazedonien
-Bauernpartei des Kosova
-Parlamentarische Partei des Kosova
-Albanische christlich-demokratische Partei, Kosova
-Demokratische Liga in Montenegro
-Partei der albanischen nationalen Einheit, Kosova
-Sozial-demokratische Partei des Kosova
-Partei der demokratischen Aktion, Serbien
-Demokratische Volkspartei, Mazedonien
-Albanische demokratische Partei, Serbien

Albaner

Blutrache

1994 werden von Tirana nur etwa 230 Morde zugegeben. Völkerrechtler vermuten, daß seit 1991 im sog. „Krieg der Sippen", also durch die Blutrache, etwa 5.000 Menschen getötet worden sind.

Derzeit leben etwa 65.000 Albaner in selbstauferlegtem Hausarrest, das bedeutet für die Menschen, daß Fenster und Türen selbstverständlich immer verschlossen bleiben, daß bestimmte Personen höchstens zur Nachtzeit ein wenig an der frischen Luft schnuppern dürfen.

Keine Stadt, kein Dorf ist von der Blutrache verschont, überall blühen immer wieder alte Feindschaften auf.

Aus der Gemeinde Koplik (wenige tausend Einwohner) wird berichtet, daß dort allein sieben betroffene Großfamilien wohnen, die Täter und Opfer zugleich sind.

Die Geschichte der Blutrache stammt aus dem 15. Jahrhundert. „Erfinder" war ein Mann namens Dukagjin, ein Mitstreiter des legendären albanischen Freiheitskämpfers Skandabek. Das Motto, damals wie heute gültig, lautet:"Flieht der Mörder, der Vergewaltiger, der Ehrverletzer, dann haftet seine Sippschaft! Alle Männer und männlichen Kinder, die den Namen der zum Blutzoll verurteilten Familie tragen, werden Freiwild für die Rächer! Frauen dagegen bleiben tabu! Auch wenn ein weibliches Familienmitglied getötet worden ist!

Das Blut muß genommen werden!"

Mit folgenden Worten beschwerte sich im Jahre 1995 das albanische Fernsehen:

„Unser Land wird von einer Kriminalitätswelle überrollt. Fast scheint es, als liefere die wiederentdeckte Tradition der Blutrache allen, vom Killer bis zum Mafioso, die Rechtfertigung zum Töten. Allein in der Hauptstadt Tirana kämpfen zehn Gangsterbanden um die Vormacht in ihren Bezirken. Niemand zählt mehr die Toten!"

Die letzte Hoffnung für viele der eingeschlossenen Familien ist Ndrek Pjetri, ein ehemaliger Dissident und Menschenrechtler, der sich dem Kampf gegen die Blutrache verschworen hat.

Ihn heuern die Familien an, um mit der Gegenseite in Verhandlungen zu treten, diese vielleicht zum Gnadenakt zu bewegen, sich zu versöhnen.

Pjetri hat zur Verwirklichung seines Zieles im Jahre 1991 das Komitee „SOFRA KOMBETARE" gegründet. Bisher hat er in über 200 Fällen Erfolg gehabt, d.h. es gelang ihm und seinen Mitarbeitern, über 200 Großfamilien miteinander zu versöhnen.

„Erst aufgenommen – jetzt verstoßen" (29.1.1995) – Albaner in Deutschland

Im Jahre 1990 (im Juli) wurde nach dramatischen Wochen in der Deutschen Botschaft in Tirana durch die Bundesregierung in Bonn insgesamt 3.200 sog. Botschaftsflüchtlinge die Einreise nach Deutschland erlaubt. Sie wurden im Rahmen humanitärer Hilfe aufgenommen, man nannte sie sog. „Kontingentflüchtlinge".

Dieser Akt garantierte den Flüchtlingen unbegrenzten Aufenthalt, Arbeitserlaubnis und Eingliederungshilfe.

An diesen einseitigen Akt fühlten sich offenbar jedoch nur die Bundesländer Hamburg, Bremen, Niedersachsen und Berlin gebunden: sie behandelten die Albaner entsprechend.

Nach Ansicht der Gerichte in Düsseldorf und Arnsberg gilt das Asylrecht nicht für Kontingentflüchtlinge, wie im ersten Paragraphen des Asylverfahrensgesetzes nachzulesen sei. Insoweit sei die Entscheidung, das Asyl rückgängig zu machen, gesetzeswidrig.

In Bayern hingegen wies das Würzburger Verwaltungsgericht die Klage eines Albaners ab.

Bei diesen Entscheidung ging es um das Rückgängigmachen von Asyl für 2500 Albaner (Kontingentflüchtlinge). Auf Anweisung von Bundesinnenminister Kanther ergingen an 2.500 albanische Flüchtlinge durch das Bundesamt für das Flüchtlingswesen (BAFL) Widerrufsbescheide, mit denen das Asyl und die unbefristete Aufenthaltserlaubnis rückgängig gemacht wurden.

Noch heute, im Jahre 1996, laufen Prozesse von Albanern gegen die Entscheidung des Bundesinnenministers.

Im Laufe von polizeilichen Ermittlungen meiner Dienststelle müssen meine Kollegen und ich immer wieder feststellen, daß sehr viele unserer Probanden mit offensichtlich falschen Personalien in der Bundesrepublik Deutschland aufhältlich sind.

Personalien werden häufig gewechselt mit dem Bemerken:"Ich will jetzt heiraten. Bei meiner Einreise habe ich aus Angst erdachte Personalien angegeben. Ich bin damals falsch verstanden worden."

Kosovo-Albaner

Aufgrund mangelnder oder nur sehr schleppender Zusammenarbeit mit serbischen Polizeidienststellen ist es fast aussichtslos, Personalien in Jugoslawien auf Richtigkeit überprüfen zu lassen.

Eine Zeitlang gaben sich viele Kosovo-Albaner als Albaner aus, weil zu dem Zeitpunkt aus politischen Gründen nicht nach Albanien abgeschoben wurde.

In der jüngeren Vergangenheit, nach der „politischen Normalisierung" in Albanien, bekennen sich plötzlich viele dieser Personen wieder zu ihrer Herkunft aus dem KOSOVO , weil jetzt für eine Abschiebung dorthin die rechtlichen und tatsächlichen Voraussetzungen fehlen.

Für die Polizei ist es äußerst schwierig, zwischen Kosovo-Albanern und Tirana-Albanern zu unterscheiden.

Gelegentlich gelingt es mit Hilfe von Dolmetschern, der einen oder anderen Person nachzuweisen, daß sie nicht aus der angegebenen Stadt kommt, weil z.B. der Dolmetscher selbst dorther kommt und entsprechende Kontrollfragen stellt.

Der praktische Nutzen dieser Feststellung ist allerdings gleich null, denn wir als Polizei oder Ausländerbehörde müssen uns jetzt fragen, wer ist denn nun unser Gegenüber wirklich?

Innerhalb der von meiner Dienststelle bearbeiteten Kosovo-Albaner befinden sich auch mehrere Albaner aus Albanien, die sich mit Freunden aus dem Kosovo zusammengetan haben, um gemeinsam Straftaten zu begehen.

Aus Vereinfachungsgründen (und weil wir in den meisten Fällen ja gar nicht wissen, ob die einzelne Person wirklich aus Albanien kommt) werden die „reinen Albaner" nicht extra erfaßt.

Zahlenmäßig sind sie allerdings weit in der Minderheit; ungefähr 5 % des Täterklientels meiner Dienststelle sind nach geschätzten Angaben Tirana-Albaner.

Fall Lulzim M. (Pers. geändert)

Lulzim M. ist der Polizei in Hamburg und insbesondere der EG (Ermittlungsgruppe) 941 seit 1989 als Straftäter bekannt.

Bis 1994 ist er insgesamt 7 mal wegen Einbruchsdiebstahl, ferner wegen Verstoßes gegen das Waffengesetz, diverser Körperverletzungen und Beleidigungen, räuberischer Erpressung und diverser Verkehrsdelikte kriminalpolizeilich aufgefallen.

Nach Angaben von Insidern gilt der M. als äußerst brutal innerhalb der Hamburger Kosovo-Albaner-Szene.

M. lebte bis zu seiner Festnahme in Hamburg unter zwei Anschriften, bei seiner Freundin (und Mutter seines Kindes) und in einem Hotel auf St. Pauli, das von der Sozialbehörde bezahlt wurde.

Da er beide Anschriften nur sporadisch nutzte, lag die Vermutung auf der Hand, daß er noch eine weitere Anschrift haben mußte.

In der Nacht vom 10.10.94 auf den 11.10.94 kam es im Bereich Finnentrop in Nordrhein-Westfalen zu insgesamt 7 Bohreinbrüchen. In einem Fall haben die Täter u.a. auch eine Scheckkarte entwendet, die noch in derselben Nacht in der Nähe des Tatortes von den Tätern benutzt wurde. Bei einer erfolgreichen Abhebung wurde ein Täter fotografiert.

Insgesamt wurden neben Schmuck und einer größeren Menge Bargeld auch zwei Pkw entwendet, von denen einer nach einer Fahrt von 50 - 100 km in der Nähe wieder aufgefunden wurde.

Das zweite Fahrzeuge kollidierte in der Nacht auf den 13.10.94 mit einem Streifenwagen, die Täter konnten unerkannt flüchten; im Fahrzeug wurde Diebesgut sichergestellt.

In der folgenden Nacht (12. auf den 13.10.) kam es im Bereich Olpe zu drei weiteren Tatorten.

Die im gestohlenen und verunfallten Pkw sichergestellten Gegenstände stammten aus einer Einbruchs-Serie im Bereich Siegen. Diese Serie wurde in der Nacht vom 11. auf den 12.10.94 gelegt.

Unbekannte Täter hatten im dortigen Bereich 10 Bohreinbrüche begangen und diverses Diebesgut entwendet.

Anhand des Fotos, das in der Nacht auf den 11.10.94 in der Sparkasse in Welschen-Ennest vom unbekannten Geldabheber gefertigt worden war, konnte eine Identifizierung vorgenommen werden. Nach erstem Augenschein, der später von den Beamten der EG 941, die den Lulzim M. per-

Kosovo-Albaner

sönlich kannten, bestätigt wurde, wurde die Identität des M. mit an Sicherheit grenzender Wahrscheinlichkeit festgestellt.

Am 21.12.94 wurde durch das Amtsgericht Siegen ein Haftbefehl gegen den Lulzim M. ausgestellt. Der Vorwurf lautete auf 20 selbständige Einbruchshandlungen.

M. wurde am 6.1.95 durch die EG 941 in Hamburg verhaftet. Bei ihm wurden u.a. Schlüssel für eine Wohnung gefunden, die mit den beiden bekannten Anschriften nicht identisch waren. Die Wohnung blieb zunächst weiterhin unbekannt.

Kurz nach seiner Festnahme wurde der M. in die Justizvollzugsanstalt nach Siegen verschubt.

Dem M. wurden bei seiner Festnahme Schuhe abgenommen und anschließend durch die Kriminaltechniker in Hamburg und Kiel untersucht. In Kiel konnte eine Übereinstimmung der Größen und Muster mit Tatortmustern an insgesamt 5 Einbruchstatorten im Bereich Nord-Schleswig-Holstein festgestellt werden.

In der Nacht auf den 9.11.94 wurden im Bereich Schleswig/Flensburg vier Bohr-Einbrüche gelegt, u.a. in ein Poststelle.

In der Nacht auf den 22.11.94 konnten fünf gleiche Taten im selben Bereich registriert werden, teilweise mit Kfz.-Entwendungen.

Bereits am 1.11.94 wurde in Ostholstein ein Bohr-Einbruch mit Tresoröffnung verübt. An diesem Tatort wurde ein VW Corrado entwendet, der in der Nacht auf den 22.11. im Kreis Flensburg zurückgelassen wurde.

In der Nacht zum 1.9.94 wurde anläßlich eines Bohr-Einbruches im Kreis Flensburg ein Panzerschrank entwendet, der auf einem in der Nähe gelegenen Feldweg aufgeflext worden war. Die Anfahrt zu diesem Tatort führte über einen Seitenweg, der auch zu den Tatorten vom 22.11.94 benutzt worden war.

Vom 22. zum 23.11.94 wurden in Gifhorn vier Bohr-Einbrüche begangen; in einem Fall konnte einer der mutmaßlichen Täter bei einer versuchten Geldabhebung mittels EC-Karte fotografiert werden. Die Auswertung des Fotos erbrachte keine überzeugende Identifizierung, Ähnlichkeiten mit dem Lulzim M. waren aber vorhanden.

Am 26.1.95 wurde der M. aufgrund einer Entscheidung beim AG Siegen gegen Auflagen aus der Strafhaft entlassen (Kaution, Meldeauflage pp.).

Am 23.2.95 kam der M. seiner Meldeauflage an einer Polizeirevierwache in Hamburg nach. Im Wachraum befand sich zu diesem Zeitpunkt ein Tankwart aus dem Kreis Flensburg, der den Benutzer eines bei den Taterten in Schleswig-Holstein entwendeten Pkw bedient hatte. Er war sich sicher, den M. als den seinerzeitigen Fahrzeugbenutzer wiederzuerkennen.

Bei einer Kripodienststelle in Flensburg lagen weiterhin Anhaltspunkte dafür vor, daß der M. nach wie vor als Einbrecher aktiv war.

Außerdem gab es noch keine neuen Hinweise auf die Wohnung, die dem M. offenbar zur Verfügung stand.

Aus diesen Gründen wurden Fahndungskräfte damit beauftragt, den M. zu observieren.

Am 2.3.95 wurden die Observanten im Sinne des Auftrages fündig. Der M. betrat mit Schlüsseln ein Haus auf St. Pauli.

Am 8.3.95 wurde der M. erneut verhaftet, dieses Mal aufgrund eines Haftbefehls, den das Amtsgericht Flensburg erlassen hatte (wegen Bandendiebstahls).

Die Durchsuchung seiner (nun bekanntgewordenen) Wohnung führte zur Sicherstellung von umfangreichem Stehlgut. Weitere Tatorte in Schleswig-Holstein, Niedersachsen und Hamburg konnten ihm zur Last gelegt und anhand der Beweismittel auch nachgewiesen werden.

M. wurde Ende 1995 in Flensburg vor Gericht gestellt. Das Urteil lautete auf 4 Jahre Freiheitsstrafe (wobei zu berücksichtigen ist, daß letztendlich nur 10 Einbrüche zur Verurteilung führten).

Seine Mittäter sind bis heute nicht bekannt. M. selbst hat zwar Angaben gemacht, diese dürften jedoch Schutzbehauptungen sein, zumal die von ihm benannten Personen sich nachweislich nicht mehr in der Bundesrepublik aufhalten.

Kosovo-Albaner

Flucht

Die Flucht der Kosovo-Albaner hat viele Gesichter. Jeder Leser, der sich mit Tages-, Wochen- und Monatszeitschriften beschäftigt, wird sich an Artikel erinnern, die das Thema „Flucht" zum Inhalt haben.

Am 15.5.1995 erschien in einer deutschen Tageszeitung ein Artikel mit der Überschrift:
„Die albanischen Bettelkinder von Mailand".

Es wird das Schicksal von 8 - 17jährigen albanischen Kindern geschildert, Kindern, die in zerlumpten Kleidern herumlaufen, Kinder mit ausgemergelten Körpern, schmutzigen Gesichtern und Händen, und mit Augen, groß vor Hunger aufgerissen.

Diese Kinder halten täglich die Autofahrer in Mailand und auch in anderen Großstädten in Italien an, um etwas Geld zu erbetteln; teilweise bieten sie den Autofahrern auch ihre Dienste als Scheibenwäscher an (die Südeuropatouristen kennen diese Form des Geldverdienens sicherlich aus eigener Erfahrung). Dieses Geld haben sie allabendlich abzugeben an Personen, von denen sie abhängig sind, Personen, die wie sie aus Albanien oder dem Kosovo stammen und von diesem organisierten Bettlertum leben.

Der „Verdienst" am Tag liegt bei bis zu DM 300,– pro Kind und wird von den eben geschilderten erwachsenen Personen zu einem von ihnen selbst bestimmten Teil auch den Familien der Bettelkinder zugeleitet.

Die Kinder schlafen in öffentlichen Parks oder (wie in Mailand) auf stillgelegten Gleisen des Nordbahnhofs.

In einer Großaktion ging 1995 die Polizei von Mailand gegen dieses Bettelunwesen vor: über 50 Kinder und Jugendliche wurden auf einen Schlag festgenommen und sofort per Schiff in die Heimat zurücktransportiert.

Doch es sind bei weitem nicht nur Kinder, die nach Italien auf abenteuerlichen Wegen kommen.

Eine Wochenillustrierte beschäftigte sich im Sommer 1995 mit dem Thema:
„Eine Armada der Armut - Tausende Flüchtlinge aus den Armenhäusern der Welt werden über Albanien nach Italien gelotst - und von da aus weiter nach Deutschland".

Personen aus Drittländern, die den italienischen Boden betreten haben und sich in irgendeiner Weise ausweisen können, erhalten das sog. „documento di espulsione", eine Art Transitvisum, das dem Inhaber 15 Tage Zeit gewährt, Italien wieder zu verlassen (oder dort unterzutauchen).

Wer hingegen Italien ohne reguläres Visum bereist bzw. dorthin einreist, wird umgehend zurückgeschickt.

Diese zurückgewiesenen Personen haben i.d.R. einen Vertrag mit einem Schlepper gemacht (für ca. 1.500 DM); dieser beinhaltet im Falle einer gescheiterten Einreise zwei weitere Versuche.

Nach dem Massenexodus im Jahre 1991, als in Bari und Brindisi große Fährschiffe mit Zehntausenden von albanischen Flüchtlingen anlegten, ist der Strom der Auswanderer nicht mehr abgerissen. Heute sind aus den großen Schiffen kleine Boote usw. geworden, die Personen werden teilweise als sog. "boat people" bezeichnet.

Nach Ansicht eines italienischen Polizeioffiziers ist Albanien "zum Trampolin für Flüchtlingsströme bis Ostasien geworden".

Ein Staatsanwalt in Lecce vertritt die Ansicht, daß, "solange die Probleme der Flüchtlinge nicht in deren Heimat gelöst werden, wird der illegale Markt boomen".

Doch kriminelle Albaner sind nicht nur als Schleuser aktiv:

Sie besorgen u.a. die Pässe gefallener Kriegsopfer aus Bosnien und verkaufen sie für einen Preis von DM 1.500,00. Mit einem solchen Paß, der einen als einen Bürger aus einem Kriegsgebiet ausweist, kann man ohne Problem nach Italien (und auch noch weiter) einreisen.

Andere Albaner suchen in der Heimat (und im Kosovo) gezielt junge Frauen und Kinder und organisieren deren Transfer in die italienischen Metropolen. Die Frauen müssen dort als Prostituierte und die Kinder als Bettler (s.o.) arbeiten.

Seit Mitte Mai 1995 haben die italienischen Behörden mit Großaktionen an der Adriaküste begonnen. Mehr als 500 Armeeangehörige kontrollieren die Strände des südlichen Apulien, insbesondere das 70 Kilometer lange Stück zwischen Brindisi und Santa Maria di Leuca. In voller Montur, darüberhinaus ausgerüstet mit Infrarotlampen, durchkämmen die Soldaten Höhlen und Wälder nach illegal eingereisten Flüchtlingen.

Apulien, insbesondere der Hafen von Otranto, ist für die illegalen Einwanderer so etwas wie das Goldene Tor ins westliche Europa. Otranto ist heute vor allem gekennzeichnet durch einen gewaltigen Menschenhandel, der durch albanische Schlepperbanden organisiert wird. Mit kleinen Motorbooten oder alten Kähnen werden seekranke Passagiere nach einer wetterbedingten zwei- bis dreistündigen Überfahrt an der Küste abgesetzt.

In der Zeit von Oktober 1994 bis Mai 1995 wurden mehr als 8.000 illegale Einwanderer an der apulischen Küste aufgegriffen, in den ersten fünf Monaten 95 waren es allein 2.500 Flüchtlinge.

Nach Schätzungen der zuständigen Behörde wird höchstens ein Drittel der Illegalen erwischt.

Heutzutage sind es nicht mehr nur Albaner, die ins Land kommen, sondern vor allem auch Kurden, Chinesen, Pakistani und Tamilen.

Bestreben der meisten Albaner ist es, in Italien zu bleiben.

Besonders die apulischen Tourismusunternehmen befürchten nicht zu Unrecht einen gewaltigen Schaden für ihre Küste und deren Bewohner und damit auch für ihre Branche durch die permanente Anwesenheit von Soldaten. Die Zahlen der Touristen sind seit 1995 stark rückläufig.

Insgesamt hat die italienische Regierung für die Militäraktionen an der Adria mehr als 10 Millionen DM ausgegeben (so die Schätzungen einiger Tourismusveranstalter).

Soweit zu den Auswirkungen der Flucht, bezogen auf Italien.

Der mitteleuropäische Raum – und damit auch die Bundesrepublik Deutschland – wird im Kapitel „Schleusung" näher behandelt.

Wo liegen die Ursachen für die Flucht?

Im Gegensatz zu den meisten europäischen Völkern wurden die Albaner durch das Ende des 2. Weltkriegs nicht befreit, sondern unter Militärverwaltung gestellt (s. hierzu das Kapitel über die Geschichte des KOSOVO).

In erster Linie sind sie sicherlich in der desolaten Situation zu finden, in der sich die Kosovo-Albaner in ihrer Heimat befinden, desolat in bezug auf die staatliche Unterdrückungs-/Serbisierungspolitik mit all ihren Konsequenzen (s. Kapitel 1), aber auch (vielleicht vor allem) in bezug auf die ökonomische Lage (Arbeitsmarkt, Finanzen).

Diese Gründe ergeben sich aus dem ersten Kapitel, bedürfen m.E. keiner weiteren Erläuterung.

Bei der Befragung der in Hamburg lebenden Kosovo-Albaner (s. Kapitel Fragebogen I und II) kristallisierte sich bei den (männlichen) Befragten als Hauptgrund für die Flucht die Einberufung zum Militär heraus.

Aus diesem Grunde möchte ich in diesem Kapitel dem Thema
Militärdienst in der Bundesrepublik Jugoslawien (BRJ)
einen besonderen Raum widmen.

Kosovo-Albaner

In der Bundesrepublik Jugoslawien kann der Wehrdienst sowohl bei der Armee als auch bei der Miliz abgeleistet werden.

Der Wehrpflicht unterliegen alle männlichen Staatsangehörigen der BRJ, beginnend mit der Vollendung des 17. Lebensjahres bis hin zum vollendeten 27. Lebensjahr.

Die Grunddienstzeit besteht aus einer 12monatigen Ausbildung.

Kosovo-Albaner sind heutzutage kaum noch in den Reihen der Soldaten vertreten. Das rührt zum einen natürlich daher, daß viele Wehrpflichtige sich der Einberufung durch Flucht ins benachbarte Mazedonien oder nach Mitteleuropa entziehen. Zum anderen leben im KOSOVO zahllose Menschen, die sich bei Freunden oder Verwandten verborgen halten, um nicht in der Belgrader Armee dienen zu müssen.

Die tatsächliche Zahl der in der jugoslawischen Armee dienenden Wehrpflichtigen aus dem KOSOVO (bezogen auf die Albaner) liegen nach Schätzungen von Menschenrechtsorganisationen unter 10 % der Wehrpflichtigen eines Einberufungsjahrganges.

Ganze Dörfer und ländliche Regionen werden teilweise heute noch von serbischen Sicherheitskräften durchkämmt und durchsucht, um albanische Kinder und Jugendliche für den Wehrdienst zu erfassen.

Werden die Gesuchten nicht gefunden, so halten sich die Suchtruppen an die Familienangehörigen, malträtieren diese, und meistens kehren sie erfolgreich, d.h. mit dem Aufenthalt des Gesuchten, zurück, nachdem sie Prügel und Folter eingesetzt haben.

Die serbische Regierung, und das sollte an dieser Stelle kommentierend eingefügt werden, könnte sich viel Arbeit und auch Kosten ersparen (die Suche nach sich versteckenden Wehrpflichtigen verschlingt jährlich riesige Summen von Geld), indem sie ganz auf die Kosovo-Albaner verzichtet.

Aus der Tatsache, daß sie es nicht tut, resultiert die schon angesprochene Haltung der Serben, einen starken Auswanderungsdruck auf die Kosovo-Albaner auszuüben. Sie zwingen die Minderheit damit indirekt, das Land zu verlassen.

Ein Interesse der Serben an einer militärischen Ausbildung der Kosovo-Albaner besteht ohnehin nicht, befürchten sie doch ständig, daß die Albaner die ihnen überlassenen Waffen gegen die eigenen Landsleute, nämlich die Serben und Montenegriner, richten können. Außerdem könnten die Albaner nach der Wehrzeit das erlangte Wissen im befürchteten bewaffneten Kampf gegen die Belgrader Regierung einsetzen.

Kosovo-Albaner

Bis Ende 1995 gab es kaum Berichte über Prozesse wegen Wehrdienstentzug, lediglich einige wenige Urteile sind bekanntgeworden; diese lagen bis zu einem Höchstmaß von 18 Monaten Freiheitsstrafe.

Im Falle des Wehrdienstentzuges „im Kriegsfalle oder in einem Zustand, in dem die Kriegsgefahr unmittelbar bevorsteht", droht den Angeklagten eine Freiheitsstrafe von 5 Jahren bis zu 20 Jahren. Verurteilungen wegen dieses Anklagepunktes sind bislang in der einschlägigen Literatur nicht bekanntgeworden.

Nach jüngsten Berichten werden bei militärischen Kampfhandlungen innerhalb des ehemaligen Jugoslawien (z.B. in Bosnien) keine Albaner mehr eingesetzt.

Die wenigen, die sich während der Wehrpflichtzeit in der Ausbildung befinden, haben kaum die Möglichkeit, ihre Kasernen zu verlassen.

Praktische Durchführung von Asyl in westlichen Staaten

In den meisten Staaten Mitteleuropas werden in der heutigen Zeit Asylanträge von Kosovo-Albanern wegen der noch immer unklaren Lage in der Bundesrepublik Jugoslawien (BRJ) nicht beschieden.

In einigen Ländern erhalten Kosovo-Albaner ein befristetes Aufenthaltsrecht oder eine Duldung.

Norwegen hat im Jahre 1993 insgesamt über 1000 Kosovo-Albaner in die Heimat abgeschoben mit der Begründung, sie wären keine politischen Flüchtlinge, sondern nur aus wirtschaftlichen Gründen aus der Heimat geflohen.

Noch im selben Jahr hat sich Schweden dieser Argumentation angeschlossen und angeblich mehrere Tausend Kosovo-Albaner in die BRJ abgeschoben.

Griechenland nahm und nimmt keine Albaner auf, egal, ob sie aus dem KOSOVO oder aus Albanien kommen. Angeblich soll es sogar einen Schießbefehl geben, der griechische Grenzsoldaten zum Schußwaffengebrauch verpflichtet, wenn eine Person illegal die Grenze nach Griechenland zu überqueren versucht (diese Angabe entstammt der Kosovo-Zeitung KOSOVA).

Inzwischen, seit 1995, weigert sich die BRJ, Kosovo-Albaner wieder aufzunehmen. Sie verfügten nicht über gültige Papiere, die sie einwandfrei als Staatsbürger der BRJ ausweisen und würden deshalb nicht aufgenommen werden.

Prinzipiell sind heute alle Bewohner von Serbien und Montenegro, also auch die im Lande lebenden Kosovo-Albaner, automatisch Staatsbürger der Bundesrepublik Jugoslawien.

Das bedeutet im Umkehrschluß, daß sämtliche im außerjugoslawischen Ausland lebenden Personen, die vor Proklamation der BRJ geflüchtet waren, keine Staatsbürger dieses Landes sind.

Nach Angaben aus dem Jahre 1992 hatte in dem Zeitraum ab 1982 ca. 500.000 Menschen ihre Heimat verlassen.

Heute ist die Zahl wesentlich größer geworden: Beobachter des KOSOVO sowie Vertreter der Menschenrechtsorganisationen sprechen von 700.000 bis 800.000 Flüchtlingen.

Nach Meinung eines Sachkundigen, der sich in Hamburg aufhält und die Verhältnisse in seiner Heimat sehr aufmerksam verfolgt, halten sich in Deutschland ca. drei Viertel aller Geflüchteten (!) auf.

Von deutscher Seite kann diese Zahl nicht bestätigt werden, da Kosovo-Albaner nicht separat gezählt werden, z.B. bei der Einreise bzw. der Asylantragstellung. Sie werden nach geltendem Recht nach wie vor unter der Rubrik „Ex-Jugoslawien" und in einer Gesamtzahl mit Serben, Kroaten, Slowenen usw. erfaßt.

Versuche, über die Ausländerbehörden Zahlenmaterial nur für Kosovo-Albaner zu erhalten, scheiterten jeweils mit der Bemerkung, daß diese Form der Auszählung nach ethnischen Gesichtspunkten von der Presse unverzüglich als Diffamierung der entsprechenden Volksgruppe aufgegriffen werden würde.

In Presseartikeln und Reportagen tauchen des öfteren Zahlen auf, die jedoch nach meinen Recherchen nicht belegbar, sondern rein spekulativer Natur sind.

Schleusung

Die Einschleusung von ausländischen Staatsbürgern nach Mitteleuropa und in die Bundesrepublik Deutschland ist in einigen Gazetten zu einem festen Thema geworden. Häufig wird über diesen Straftatbestand geschrieben, bezogen auf alle Nationalitäten, die augenscheinlich „gezwungen" sind, illegal in die Bundesrepublik einzureisen.

In aller Regel betrifft es Personen aus solchen Ländern, in denen politische Verfolgung stattfindet (wirklich oder auch nur behauptet). Diese Personen haben in der Heimat kaum die Möglichkeit, legal an Visa oder auch Pässe heranzukommen, sind also gezwungen, einen unkonventionellen, illegalen Weg zu beschreiten.

Bezogen auf die Kosovo-Albaner haben sich Schleusungen zu einem lukrativen Geschäft entwickelt, an dem viele Personen verdienen.

Die ersten bekanntgewordenen Schleusungen wurden Anfang 1994 in einer Fernsehdokumentation demonstriert.

In Pristina wurde eine illustre Busgesellschaft zusammengestellt, ca. 50 Personen stark, Ehepaare, Frauen mit Kindern, junge und alte Menschen.

Für einen im Bericht angegebenen Fahrpreis von DM 300,– wurden diese Personen über Serbien, Rumänien, Ungarn, Slowakei in die Tschechische Republik gefahren.

An der Tschechischen Grenze fiel einem Beamten auf, daß die Pässe von fünf alleinreisenden jüngeren Männern im Alter von ca. 20 Jahren offensichtlich gefälscht waren. Für einen Betrag von DM 100,– pro Paß wurde der Grenzer durch einen Reisebegleiter „überredet", diesen Personen erforderliche Einreisestempel in die Pässe zu drücken.

Die Busreise endete an einem Hotel unmittelbar vor der deutschen Grenze. Hier wurden die Personen von einem serbokroatisch-sprechenden Mann in Empfang genommen, der sich allerdings vor laufender Kamera nicht äußern wollte.

Dieser Mann, offensichtlich ein Schleuser, gab den „Reisenden" Verhaltensmaßregeln; z.B. sollten sie vor dem Grenzübertritt ihre mit tschechischen Stempeln versehenen Pässe vernichten, weil sie sonst beim Antreffen durch deutsche Grenzschützer sofort nach Tschechien zurückgeschickt werden würden.

Wie sich der Grenzübertritt vollzog, konnte und durfte von dem Kamerateam nicht mehr aufgenommen werden. Einziges Hindernis war allerdings ein kleines Grenzflüßchen, das zu dieser Zeit auch noch wenig Wasser führte.

Kosovo-Albaner

Eigentlich sollte der Leser bei diesem Bericht schon aus mehreren Gründen stutzig werden.

Wieso erlauben die Serben einen derartigen Transport von offensichtlich Ausreisewilligen durch ihr Gebiet?

Woher hat der Betreiber dieses Unternehmens seine Konzession, ohne die er nach geltendem Recht kein derartiges Unternehmen betreiben könnte?

Wie schon in einem vorangegangenen Kapitel erwähnt, sind die Serben bestrebt, ihr „Serbisierungsprogramm" in bezug auf den KOSOVO weiter zu verfolgen. Schon aus diesem Grunde dürften sie nichts gegen ausreisewillige Personen aus dieser Region einzuwenden haben.

Die Frage nach der Konzession für den Busunternehmer läßt Spekuationen daraufhin zu, daß diese sicherlich nicht „umsonst" erteilt worden ist.

Nach Ansicht von Kosovo-Albanern in Hamburg, die sich intensiv mit der Politik Belgrads und den Zuständen in der Heimat beschäftigen, zahlt der Busbetreiber pro transportierter Person einen bestimmten Betrag an die serbischen Verwaltungsbehörden, die sich eine dauerhafte Einnahmequelle verschafft haben. Beide Seiten, Unternehmer und Verwaltungsbehörden, verdienen sehr gut an diesem Geschäft.

Der Unternehmer soll zwischenzeitlich Busse in einer zweistelligen Größenordnung haben, die regelmäßig zwischen Pristina und verschiedenen Ländern Europas verkehren, alle mit dem Ziel, die beförderten Personen in den „Goldenen Westen" zu verbringen.

Im Jahre 1995 wurde anhand von aufgegriffenen Personen aus dem KOSOVO, die alle die Grenzen illegal überquert hatten, ermittelt, daß fast 90 % von ihnen geschleust worden waren.

Es gab einzelne Tage, an denen über 30 Personen, die mit demselben Transport gekommen waren, aufgegriffen werden konnten.

Die Ausreisewilligen werden regelrecht angeworben, indem man ihnen Europa und hier insbesondere Deutschland schmackhaft macht. Viele werden mit dem Hinweis geködert, daß sie mit dem Geld, das sie in Deutschland auf vielerlei Arten verdienen können (!), ihre Familien in der Heimat problemlos unterstützen können.

Weitere Gründe sind im Kapitel „Flucht" erwähnt.

Kosovo-Albaner

Die Schleuser teilen die zu schleusenden Personen in zwei Gruppen ein:

- Personen mit Geld erhalten gegen Bezahlung verfälschte Pässe, mit denen sie problemlos ohne Visum nach Westeuropa einreisen können
- nicht so zahlungskräftige Kunden werden in Gruppen über die doch recht offenen Grenzen verbracht.

Ende 1994 konnten deutsche Grenzschützer an der französischen Grenze zwei italienische Reisebusse mit insgesamt 135 Kosovo-Albanern anhalten (darunter ca. 50 Kinder). Alle Personen führten alte jugoslawische Reisepässe mit sich, davon stellten sich drei Viertel als Fälschungen heraus.

Diese Personen waren über eine andere Route gekommen, nämlich über Italien.

In Montenegro hatten sie eine Fähre bestiegen, die regelmäßig nach Bari in Süditalien fährt, Kapazität ca. 800 Personen. In von Schleusern angemieteten Reisebussen wurden die Ausreisewilligen dann über Frankreich nach Deutschland gebracht.

Die Einreise nach Italien gestaltete sich insofern problemlos, als daß Flüchtlinge mit Pässen aus dem ehemaligen Jugoslawien, die zudem noch über ausreichende Barmittel verfügen, visumsfrei nach Italien einreisen können. Wehrdienstpflichtige und Kriegsdienstverweigerer haben es bei entsprechenden Nachweisen noch einfacher.

Organisiert worden war die Reise von Schleusern, die ihren Hauptsitz neben Albanien in Bari haben.

Nach diesem Vorfall mit den beiden Reisebussen sind die Schleuser auf kleinere Fahrzeuge umgestiegen, die leichter die Grenzen passieren können, anfänglich auf Kleinbusse, später dann auf Personenkraftwagen.

In jüngster Zeit sind weitere Schleuserrouten bekanntgeworden, insbesondere auch über die Schweiz und Österreich.

Der Vorgang bis in diese Länder ist fast immer der gleiche: In der Heimat werden die Flüchtlinge in Busse gebracht und nach Mitteleuropa gefahren. Hier steigen sie in Kleinwagen um, lassen sich in Kofferräumen über die Grenze transportieren oder überschreiten die Grenzen auf zum Teil abenteuerlichen Wegen zu Fuß.

Heutzutage benutzen die Schleuser alle technischen Hilfsmittel, um ihre Tätigkeit erfolgreich zu beenden: Handys, Walkie Talkies, Lichtquellen, Fahrzeuge aller Art werden benutzt, um die Personen sicher über die Grenzen zu geleiten.

Sie selbst, die eigentlichen Drahtzieher, vermeiden aber um jeden Preis den Grenzübertritt, haben sie doch nach ihrer Festnahme eine empfindliche Haftstrafe zu erwarten.

Nach vorliegenden Informationen zahlen die Flüchtlinge für die Schleusung Beträge zwischen DM 500 und DM 2.500, je nach Qualität der Schleusung (z.B. mit oder ohne Paß).

Das Geld wird in der Regel bereits in der Heimat bezahlt; aus anderen Quellen ist bekannt, daß die Flüchtlinge das Geld im jeweiligen Land direkt an die Schleuser auszahlen.

Für Kinder ist normalerweise kein Geld zu entrichten.

Es soll Schleuser geben, die in verschiedenen Ländern Bankkonten in siebenstelligen Höhen angelegt haben, andere schicken regelmäßig größere Summen in fünf- bis sechsstelliger Höhe in die Heimat.

Die Preise für die Schleusungen sind stetig angestiegen. Das war und ist abhängig von der Wirksamkeit der deutschen Grenzorgane, die nach Personalverstärkungen regelmäßig auch die Zahl ihrer Festnahmen an den Grenzen erhöhen. Damit wird das Risiko auch für die Schleuser größer und sie erhöhen ihre Preise.

Hinzukommt, daß in den vergangenen Monaten immer wieder Schleuser festgenommen werden konnten und für mehrere Jahre in Justizvollzugsanstalten einsitzen mußten. Andere potentielle Schleuser fürchten dies auch für sich, sind nur noch unter bestimmten Bedingungen bereit, diese Tätigkeit auszuüben (z.B. durch erhöhte finanzielle Anreize).

Aber längst nicht alle Schleuser unterliegen der Gefahr, von der Polizei verhaftet zu werden. Die Hintermänner sitzen in Ländern, wo man ihnen nichts anhaben kann, sie ungezwungen ihren Schleusungsgeschäften nachgehen können.

Solange unsere Grenzen in der gegenwärtigen Form bestehen und aufgrund von Personalschwierigkeiten beim Bundesgrenzschutz nicht besser und lückenlos bewacht werden können, wird das Geschäft mit den Flüchtlingen weiter boomen.

Als Fazit aus den Gesprächen mit Kosovo-Albanern betreffend die Schleusung habe ich für mich mitgenommen, daß es überhaupt kein Problem ist, illegal in die Bundesrepublik einzureisen. Keiner der Befragten hat bei seiner Einschleusung auch nur die geringsten Schwierigkeiten be-

Kosovo-Albaner

kommen, obwohl sie fast alle nach eigenen Angaben mit gefälschten Dokumenten eingereist sind.

Diese Aussage sollte aber kein Grund zur Resignation sein, sondern sollte im Gegenteil bewirken, daß wir uns alle der momentanen staatlichen Ohnmacht (an den Grenzen) bewußt werden, aber auch gemeinsam nach konstruktive Lösungen suchen.

Grenzschutz kann nur funktionieren, wenn auch die Rahmenbedingungen wie Personal und materielle Ausrüstung stimmen!

Deutsche Presse

Die Kosovo-Albaner nahmen und nehmen in der deutschen Presselandschaft einen unterschiedlich großen Platz ein, je nach Aktualität.

In aller Regel sind es Negativberichte, die diese ethnische Gruppierung betreffen. Sachliche Artikel mit zeitgenössischem Hintergrund bilden die absolute Ausnahme.

In diesem Kapitel sollen einige Presseartikel zitiert und kommentiert werden, soweit ein Kommentar erforderlich ist.

„Kosovo – Schlag gegen Albaner" (10.3.1994)

Serbische Polizeieinheiten haben die letzte größere Bildungsanstalt der Albaner in der Provinz Kosovo im Süden Jugoslawiens gewaltsam geschlossen. Wie der Institutsleiter Sadri Fetiu gestern in Pristina mitteilte, waren die Beamten und eine Gruppe von Zivilisten am Vorabend in das Gebäude des Institus für Albanologie eingedrungen, um es „gemäß einer Anweisung aus Belgrad" zu schließen.

Als sich die Professoren und Assistenten weigerten, wurden sie nach den Worten von Fetiu "brutal verprügelt und auf die Straße geworfen".

Das Gebäude wurde verwüstet.

Fetiu sprach vom „Anfang einer neuen Kampagne der Gewalt der Serben!"

„Abschiebung von Asylbewerbern kostet Hamburg 2,6 Mio. Mark" (9.10.1994)

Vom Hamburger Flughafen aus schiebt das Grenzschutz- und Bahnpolizeiamt der Hansestadt jährlich rund 3.000 abgelehnte Asylbewerber in ihre Heimat ab. 2,6 Mio. Mark mußte die Ausländerbehörde der Hansestadt in den ersten neun Monaten des Jahres 94 dafür ausgeben.

Zu den Schüblingen gehören nicht nur abgelehnte Asylbewerber, sondern auch Illegale und Kriminelle. Immerhin sind im ersten Halbjahr 94 mehr als 5.000 abgelehnte Ausländer rechtzeitig vor ihrem Abtransport in die Heimat untergetaucht.

An erster Stelle der Flugliste gen Heimat stehen Türken, gefolgt von Westafrikanern.

Wenn ein Aylantrag abgelehnt wird, erfolgt eine Ausreiseaufforderung seitens der Ausländerbehörde. Wird dieser nicht Folge geleistet, leitet die Ausländerbehörde Zwangmaßnahmen ein. Besonders schwierige oder kriminelle Personen werden bis zum Abflug in Haft genommen. Selbst am Flughafen gibt es noch Zellen für die sog. Schüblinge.

Täglich werden etwa 10 Asylbewerber in ihr Heimatland ausgeflogen. Nach der Einreise in das fremde Land begleiten die Beamten den Schübling durch die Paßkontrolle, dann kann er sich wieder frei bewegen.

Äußerung eines BGS-Beamten:„ Es ist schon vorgekommen, daß unsere Schüblinge schneller wieder in Hamburg waren als unsere BGS-Beamten!"

In Hamburg leben rund 20.000 Asylbewerber, nur rund 9 % werden von der Ausländerbehörde bzw. dem Bundesamt für die Anerkennung ausländischer Flüchtlinge anerkannt.

„Kosovo-Albaner müssen Hamburg verlassen" (9.10.1994)

Nach der Lockerung des UN-Embargos für Rest-Jugoslawien will die Hamburger Ausländerbehörde jetzt mit der Abschiebung von Kosovo-Albanern und Personen aus Montenegro beginnen.

Die Behörde hat Gespräche aufgenommen mit den zuständigen Konsulaten, der Grenzschutzdirekton in Koblenz sowie Fluggesellschaften, um die Möglichkeiten der Abschiebung zu klären.

Nach Angaben eines Sprechers ist jedoch mit massiven Schwierigkeiten bei der Abschiebung nach Rest-Jugoslawien zu rechnen.

Durch die Lockerung des UN-Embargos durch den UN-Sicherheitsrat im September 94 könne zwar Belgrad wieder angeflogen werden, aber da der größte Teil der hier lebenden Menschen aus Rest-Jugoslawien der Abschiebung nicht freiwillig nachkommen werde, müsse aus Sicherheitsgründen eine Luftverkehrsbegleitung durch Beamte des Bundesgrenzschutz oder anderer Dienststellen (Polizei, Ausländerbehörde) gewährleistet sein.

Offen sei, ob die Verwaltungen in Restjugoslawien überhaupt ihre Landsleute wieder aufnehmen werden, weiterhin, welche Paßersatzpapiere gefordert seien und wie die zukünftige Staatsangehörigkeit der abzuschiebenden Personen gehandhabt wird.

„Wir stehen vor dem Problem, daß wir nach der Rechtslage jetzt abschieben müssen, ohne zu wissen, wie es gehen soll!"

1992 wurden aus Hamburg 273 Asylbewerber, Kriminelle und unbefugt Eingereiste nach Rest-Jugoslawien abgeschoben.

1993 waren es 182 Personen.

Neuere Zahlen liegen zum gegenwärtigen Zeitpunkt noch nicht vor.

„Gericht gewährt Albanern Schutz" (24.5.1995)
Aachener Richter gehen von Gruppenverfolgung im Kosovo aus

Albaner aus dem jugoslawischen Kosovo müssen nach einem Urteil des Verwaltungsgerichts in Aachen in Deutschland Asyl erhalten, weil sie in ihrer Heimat unabhängig von ihrem persönlichen Verhalten als Angehörige einer Gruppe verfolgt würden.

Mit dieser Entscheidung widersprach das Aachener Gericht einem Urteil des Bundesverwaltungsgerichts, das eine Gruppenverfolgung von Kosovo-Albanern verneinte.

Die Verwaltungsrichter orientierten sich bei ihrer Entscheidungsfindung zugunsten der Kosovo-Albaner an einer Dokumentation tausender Einzelfälle politischer Verfolgung von Albanern durch die serbischen Behörden, die nach Kenntnis der Aachener Kammer bisher von keinem anderen deutschen Gericht ausgewertet wurde. Diese Dokumentation sei von einer im Kosovo tätigen Menschenrechtsorganisation erarbeitet worden. Diese sei glaubwürdig und unter anderem vom Auswärtigen Amt in Bonn und von amnesty international bestätigt worden.

Nach Ansicht des Gerichts muß jeder im Kosovo lebende Albaner jederzeit damit rechnen, zum Opfer politisch motivierter Straftaten und Gewalt zu werden, auch wenn er hierzu keinen Anlaß gegeben hat.

Kosovo-Albaner hätten auch in anderen Teilen des serbischen Staates keine Möglichkeit, eine „menschenwürdige Existenz zu finden" (aus dem Urteil).

Zitat der Zeitung „Ekspres Politika", Belgrader Organ, 1.2.1995 (Auszüge):
„Falsche Asylanten im Dienste politischer Manipulationen"

„In den letzten zwei Jahren versuchen einzelne europäische Länder, unter ihnen in erster Linie Deutschland, die Schweiz, Schweden, aber auch Norwegen und Holland, sich ihrer ca. 200.000 Leute, von denen sie behaupten, sie seien alle jugoslawische Staatsbürger, zu "befreien".

Es handelt sich hierbei größtenteils um Wirtschaftsemigranten aus dem ganzen Ex-Jugoslawien, und davon bilden die Mehrheit Albaner, die aber nicht alle vom Kosovo stammen.

Mit dem Krisenausbruch im ehemaligen Jugoslawien sind aus fast allen Teilen Ex-Jugoslawiens, vor allem aber aus Mazedonien, Kosovo-Albaner nach Europa gewandert. Bekannt ist ebenso der „Exodus" von zehntau-

Kosovo-Albaner

senden Albanern aus Albanien, als es dort vor gar nicht allzu langer Zeit zu politischen Umwälzungen kam. Diese sind illegal über Italien, Griechenland und sogar Jugoslawien ohne ordentliche Dokumente in die westlichen Länder gezogen, wo sie sich als Kosovovertriebene ausgaben, denn gemäß damaligem Standpunkt der europäischen Öffentlichkeit über die Ereignisse im Kosovo war es die einzige Garantie, als Asylant aufgenommen zu werden.

Die internationale Staatengemeinschaft hält nämlich Albanien für ein die Menschenrechte verletzendes Land, und daher haben albanische Staatsbürger kein Anrecht auf Asylbewerbung in Europa.

Anm.: Hier macht der Journalist offenbar einen Denkfehler, denn gerade zu Zeiten, als in Albanien die Menschenrechte so eklatant verletzt wurden, wurden albanische Bürger ohne Probleme als Asylbewerber in allen europäischen Staaten aufgenommen.

Aufgrund dieser Tatsache war Jugoslawien ständigen Beschuldigungen zu Menschenrechtsverletzungen ausgesetzt und Kosovo-Albaner wurden zu Manipulationszwecken benutzt.

Diese bereitwillige Aufnahme der „Emigranten" traf die europäischen Staaten jedoch wie ein Bumerang. Hunderttausende nichtbeschäftigte Ankömmlinge wurden den Schweizer Behörden und Bürgern, und anders ist es nicht in Deutschland, Schweden und anderen Ländern, zur Schlinge um den Hals.

In Armut und ohne Flüchtlingsstatus lebend, wurden viele unter den „Asylanten" zu Kriminellen. Drogen- und Waffenhändler aus den Reihen der albanischen Mafia haben die Schweiz „überschwemmt".

Heute verlangt ein und dieselbe europäische Öffentlichkeit von ihren Regierungen die Zurückversetzung der Ankömmlinge. Daher wundert auch nicht ihre Behauptung, im Kosovo wäre wieder alles wie Milch und Honig und alle Kosovo-Albaner könnten getrost wieder zurückkehren.

Für Jugoslawien, aber, wäre dies ein ernstes Problem, eine solch große Zahl in einer kurzen Zeit, unter den Umständen der Wirtschaftsblockade und selbst mit ca.600.000 Flüchtlingen und ihrer Unterkunft belastet, aufzunehmen.

Bilaterale Abkommen sind daher keine formalen Angelegenheiten, sondern äußerst praktische, denn ohne finanzielle Unterstützung und gemeinsame Absprache bezüglich der Unterbringung und Übernahme dieser Menschen ist in diesem Moment und vor allem in solch kurzer Frist keine Möglichkeit gegeben, nötige materielle Voraussetzungen zu einer humanen Reintegration zu schaffen.

„Behörden sollen Kosovo-Albaner zur Ausreise gezwungen haben"
(21.6.1995)

Der Verein „Asyl in der Kirche" hält die Abschiebungspraxis der Berliner Ausländerbehörde für Freiheitsberaubung.

Der Behörde wird vorgeworfen, Kosovo-Albaner widerrechtlich in Abschiebehaft genommen zu haben, um damit ihre „freiwillige Ausreise" in die Bundesrepublik Jugoslawien (Serbien/Montenegro) zu erzwingen.

Solange der Staat nicht völkerrechtlich anerkannt wird, stellen die jugoslawischen Behörden nach Angaben des Auswärtigen Amtes in Bonn keine Heimreisedokumente aus, Papiere also, die für die Abschiebung dringend notwendig und unerläßlich sind.

Das Berliner Verwaltungsgericht ist bereits in mehreren Fällen dieser Auffassung gefolgt .Es ordnete an, die Betroffenen aus der jeweiligen Haft zu entlassen und verpflichtete die entsprechende Behörde, jeweils eine Duldung zu erlassen.

Bundesweit steht das Land Berlin mit seiner Praxis allein da. Nach einer Umfrage des Berliner Verwaltungsgerichts erkennen die anderen Bundesländer die derzeitige Lage an und stellen dem betroffenen Personenkreis regelmäßig Duldungen aus.

„Kosovo-Albaner von Polizei zu Tode geprügelt *(6.7.1995)*"

In der serbischen Provinz Kosovo ist nach Angaben von Menschenrechtlern ein 54jähriger Albaner mißhandelt worden und an den Folgen seiner Verletzungen gestorben.

Wie das Helsinki-Komitee zur Überwachung der Menschenrechte (HK) in Pristina mitteilte, war der Mann, der sich als Bürgerrechtler engagiert hatte, am Dienstag auf einer Polizeiwache brutal zusammengeschlagen worden. Später wurde er nach Angaben seiner Familie wieder in sein Haus zurückgebracht, wo er starb.

Nach HK-Angaben war der Bürgerrechtler in diesem Jahr bereits das zehnte Opfer serbischer Polizeigewalt.

„72 Kosovo-Albaner wegen S e p a r a t i s m u s verurteilt „*(19.7.1995)*

dpa/-In der serbischen Provinz Kosovo sind 72 ehemalige Polizisten zu Strafen zwischen einem und acht Jahren verurteilt worden.

Das Gericht in Pristina warf den Kosovo-Albanern „separatistische Bestrebungen" vor. Sie sollen das „Innenministerium der Republik Kosovo" gegründet haben, mit dem Ziel, die Provinz von Rest-Jugoslawien abzuspalten.

Kosovo-Albaner

Elf von ihnen befinden sich auf der Flucht und wurden in Abwesenheit verurteilt.

Das Gerichtsverfahren war der bisher größte politische Prozeß in der südlichen, zu 90 % von Albanern bewohnten Provinz Ex-Jugoslawiens, seit der serbische Präsident Slobodan Milosevic dort die weitgehende Autonomie im Juli 1990 aufgehoben hatte. Seitdem regiert Belgrad im Kosovo mit Notstandsgesetzen.

„Neue Lunte am Pulverfaß Kosovo" (14.8.1995)
„Albanien besorgt über die Ansiedlung serbischer Flüchtlinge im Spannungsgebiet"

Es sind bereits mehr als 5.000 Krajina-Serben im Kosovo eingetroffen. Es wird die Ansiedlung von 20.000 Serben, die in Kroatien ihre Heimat verloren haben, erwartet. Bei den Kosovo-Albanern sind sie nicht willkommen.

Der Sprecher des State Department, David Johnson sagte:„Die Lage im Kosovo ist sehr gespannt. Die Ansiedlung serbischer Flüchtlinge in der Region könnte einen neuen Krieg auslösen."

Die albanische Regierung:„Wir sind sehr besorgt über diese Entwicklung. Der Plan ist Teil von Belgrads großserbischer Politik der ethnischen Säuberung."

„Kosovo-Albaner fürchten Kolonisierung durch Krajina-Serben"
(14.8.1995)

Bis zu 16.000 Flüchtlinge sollen nach Belgrader Plänen in der Provinz im Süden Rest-Jugoslawiens untergebracht werden.

Ismet Hajdari (Pristina):"Die Entscheidung der Serben, Krajina-Serben im Kosovo unterzubringen, bezeichnen die Albaner als Kolonisierung und Serbisierung.

Der albanischsprachigen Zeitung RILINDJA sind bis Mitte August 95 insgesamt 5.000 Krajina-Serben bekanntgeworden, die im Kosovo eingetroffen sind, während Radio Belgrad nur die Ankunft von 150 Flüchtlingen meldete.

Nach der bisherigen Planung Belgrads sollen zunächst 6.000 Flüchtlinge aus der von Kroatien eroberten Krajina in Hotels, Ferienhäusern und Schulen im Kosovo unterkommen. Weitere 10.000 sollen folgen (mindestens).

Viele Internate in der 2 Millionen Einwohner zählenden Provinz Kosovo stehen leer, seit die von Belgrad für illegal erklärten Behörden der Republik Kosovo vor drei Jahren mit dem Aufbau eines eigenen Bildungsapparates begonnen haben.

Angesichts ethnischer Spannungen und der nationalistischen Bestrebungen der albanisch-stämmigen Bevölkerung verließen schon in den 80er Jahren Zehntausende von Serben die Region. 1993 hatte die Regierung des aus Serbien und Montenegro bestehenden Rest-Jugoslawien den Bau von 2.000 Wohnungen und 400 Häusern für serbische Flüchtlinge aus Kroatien und Bosnien beschlossen.

Die Kosovo-Behörden erklärten sich bereit, diesen Neuankömmlingen mehr als 2.000 Grundstücke sowie mehr als 2.000 Hektar Ackerfläche zur Verfügung zu stellen.

Von den rund 500.000 Menschen, die seit Beginn des Jugoslawienkrieges in Serbien und Montenegro Zuflucht suchten, leben allerdings nur 4.000 in der Provinz Kosovo, der am dichtesten besiedelten Region Jugoslawiens.

Elf Flüchtlingslager sollten nach den Vorstellungen der Kosovo-Behörden in der Provinz entstehen, wegen der finanziellen Probleme wurden aber lediglich eines in Junik und ein weiteres in Velika fertiggestellt. Dort leben insgesamt 120 Familien, die meisten von ihnen Serben aus Albanien."

Thüringer Oberverwaltungsgericht Az. 3 KO 150/95

Nach diesem Urteil können Albaner aus der serbischen Provinz KOSOVO abgeschoben werden, da für sie nicht ohne weiteres die Gefahr besteht, wegen ihrer Volkszugehörigkeit politisch verfolgt zu werden.

In dem Prozeß ging es um einen Albaner, der als Asylsuchender abgelehnt worden war, aber nach Entscheidung des Bundesamtes für die Anerkennung ausländischer Flüchtlinge (BAFL) nicht nach Rest-Jugoslawien abgeschoben werden sollte.

Nunmehr, nach der Entscheidung des Oberverwaltungsgerichts, soll er doch abgeschoben werden.

In der Begründung des Gerichts heißt es u.a., „die von serbischen Sicherheitskräften auf Leib und Leben verübten Übergriffe erreichten im Verhältnis zur Größe der albanischen Bevölkerung im KOSOVO nicht eine solche Häufigkeit, daß jeder Albaner aktuell Gefahr laufe, Opfer eines solchen Übergriffs zu werden."

Auch könne nach Ansicht des Gerichtes ein staatliches Programm zur Verfolgung der albanischen Bevölkerung nicht festgestellt werden.

Kosovo-Albaner und Ausländerrecht

Aufgrund der völkerrechtswidrigen Weigerung der Bundesrepublik Jugoslawien (BRJ), abzuschiebenden eigenen Staatsangehörigen die Einreise zu gestatten, selbst wenn sie über rechtsgültige Einreisepapiere verfügen, sind Abschiebungen derzeit nur in seltenen Ausnahmefällen möglich.

De facto scheitert eine Abschiebung von Kosovo-Albanern heute in allen Fällen an der Weigerung der Serben, diese Personen aufzunehmen, da sie im Sinne der Verfassung der Bundesrepublik Jugoslawien keine Staatsbürger der BRJ sind.

Aus diesem Grunde sind den deutschen Ausländerbehörden bei der beabsichtigten Abschiebung von Serben, Montenegrinern und Kosovo-Albanern faktisch die Hände gebunden.

Wer ist Ausländer?

In der Bundesrepublik Deutschland gibt es derzeit einen Ausländeranteil an der Wohnbevölkerung von ca. 9 %. Auf die fünf neuen Bundesländer entfallen dabei ca. 3 %.

Gemessen an der Gesamtwohnbevölkerung leben heute in Hamburg ca. 15 % Ausländer, wobei einzelne Stadtteile mit weit über 20 % überproportional vertreten sind.

Ausländische Personen, die sich nur auf der Durchreise befinden oder sich als Tourist in der Bundesrepublik Deutschland aufhalten, sind in diesen Zahlenangaben nicht enthalten.

Nach anderen Statistiken sind ca. 38 % aller Straftatverdächtigen in Hamburg und ca. 30 % aller Straftatverdächtigen in Deutschland Ausländer.

Gemäß dem derzeit gültigen deutschen Ausländerrecht (seit dem 1.1.1991 nach einer Novellierung in Kraft) sind Ausländer all die Personen, die

§ 1 Abs. 2 AuslG: "...nicht Deutsche im Sinne des Artikels 116 Abs. 1 des Grundgesetzes sind"

Gemäß Art. 116 GG (Grundgesetz) ist u.a. Deutscher, wer vorbehaltlich anderer gesetzlicher Regelungen

- **die deutsche Staatsangehörigkeit besitzt**
  oder

- als Flüchtling oder Vertriebener deutscher Volkszugehörigkeit oder als dessen Ehegatte oder Abkömmling in dem Gebiete des deutschen Reiches nach dem Stande vom 31. Dezember 1937 Aufnahme gefunden hat (Deutsche ohne Staatsangehörigkeit).

Im Zusammenhang mit dem Ausländerrecht gelten eine Reihe von Gesetzen, die hier nicht einzeln aufgeführt werden sollen.

Ich beschränke mich an dieser Stelle auf einige wesentliche Bestimmungen, die für alle Ausländer gleichermaßen bindend sind.

Nach § 4 AuslG (Ausländergesetz) muß jeder Ausländer, der in das Bundesgebiet einreist bzw. sich darin aufhält, einen gültigen Paß bzw. einen zugelassenen Paßersatz besitzen.
Die Paßpflicht gilt auch für Ausländer unter 16 Jahren.

Gemäß § 3 AuslG benötigt jeder Ausländer für Einreise und Aufenthalt eine Genehmigung, auch Personen unter 16 Jahren.

Ausnahmen von dieser Bestimmung sind in verschiedenen Gesetzen geregelt (z.B. bezüglich der Angehörigen von EU-Staaten).

Die Aufenthaltsgenehmigung ist der Oberbegriff für die folgenden einzelnen Titel

-Aufenthaltserlaubnis

-Aufenthaltsberechtigung

-Aufenthaltsbewilligung

-Aufenthaltsbefugnis.

Ein Ausländer, der eine der vorgenannten Aufenthaltsgenehmigungen nicht oder nicht mehr besitzt, ist zur Ausreise verpflichtet.

Verstöße gegen das Ausländergesetz werden von den Strafverfolgungsbehörden geahndet. Folgen können Freiheitsstrafen und/oder Verlust der einzelnen Aufenthaltsgenehmigungen sein.

Asylbewerber bekommen bei Antragstellung bei den einzelnen Ausländerbehörden in der Regel ein Legitimationspapier, das es ihnen erlaubt, sich in einem vorgeschriebenen örtlichen Bereich aufzuhalten (sog. Aufenthaltsgestattung).

Dieses Papier wird je nach Fortgang des Asylverfahrens von den Behörden um einige Monate bis zum Abschluß des Verfahrens verlängert.

Kosovo-Albaner

Wird der Asylbeantragende nicht anerkannt, d.h. sind seine Asylgründe im Sinne der geltenden Vorschriften nicht ausreichend, erfolgt die Aufforderung zur Ausreise zusammen mit der Ablehnung.

Dem Antragsteller stehen noch einige rechtliche/gerichtliche Wege zur Verfügung, auf die an dieser Stelle nicht näher eingegangen werden soll.

Wenn der abgelehnte Asylbewerber der Ausreisepflicht nicht nachkommt, erfolgen staatliche Zwangsmaßnahmen in Form von Ausweisung und ggfs. Abschiebung in sein Heimatland.

Kosovo-Albaner sind in der Regel Asylantragsteller, melden sich häufig aber erst dann bei den Ausländerbehörden, wenn sie z.B. bei polizeilichen Überprüfungen aufgefallen sind; damit halten sie sich zumindest für den Zeitraum, seitdem sie die Bundesrepublik betreten haben, illegal auf.

Aufgrund der unklaren politischen Situation in den vergangenen Jahren im KOSOVO erhielten Kosovo-Albaner in der Bundesrepublik Deutschland in aller Regel eine sog. Duldung, eine Erlaubnis, sich innerhalb der deutschen Grenzen frei zu bewegen.

Die Entscheidung bzgl. laufender Asylverfahren wurde in vielen Fällen bis zur endgültigen Klärung der politischen Situation in der Heimat ausgesetzt.

Für die polizeiliche Praxis spielt in bezug auf Kosovo-Albaner das Ausländerrecht mit seinen vielen Möglichkeiten derzeit aufgrund der Aussage am Anfang dieses Kapitels (mangelnde Abschiebungsmöglichkeit) keine Rolle.

Kosovo-Albaner in Deutschland und in Hamburg

HAMBURG IST DIE SCHALTSTELLE VON ALBANERBANDEN!

ALLE 45 MINUTEN EIN EINBRUCH! ALBANERBANDEN PLÜNDERN HÄUSER AUS! SONDERKOMMISSION ERMITTELTE 900 TATEN!

BRUTALE EINBRÜCHE VON KOSOVO-ALBANERN: MANN MIT SCHRAUBENZIEHER ANGEGRIFFEN!

HAMBURG - ZENTRUM DER EINBRECHER! KRIPO : 900 KOSOVO-ALBANER OPERIEREN VON DER HANSESTADT AUS!

DIE HOCHBURG DER ALBANER-MAFIA! BUNDESWEITE EINBRUCHSSERIEN VON HAMBURG AUS GESTEUERT! EINEN PATEN, DER VON HAMBURG AUS DIE SCHLACHTFÜHRUNG ORGANISIERT, GIBT ES NACH ANGABEN DER FAHNDER BISHER JEDOCH NICHT!

POLIZEI MACHTLOS GEGEN EINBRECHERBANDEN?

KOSOVO-CONNECTION KENNT KEINE GRENZEN!

BALKONTÜREN MIT DRAHTSCHLINGE GEÖFFNET! PROZEß WEGEN BANDENDIEBSTAHLS GEGEN 2 KOSOVO-ALBANER!

EINBRECHERARMEE VON 800 MANN!

RÄUMKOMMANDO VOM KOSOVO! EINGESCHLEUSTE KOSOVO-ALBANER BRECHEN SYSTEMATISCH IN HÄUSER UND WOHNUNGEN EIN!

400 ALBANER ALS DIEBE VERDÄCHTIGT! INNENSENATOR WEIST AUF DIE UNBEFRIEDIGENDE MÖGLICHKEIT HIN, DIE KRIMINELLEN ABZUSCHIEBEN!

Die eben genannten Schlagzeilen wurden aus in Norddeutschland erschienen verschiedenen Presseorganen entnommen. Sie stammen aus der Zeit von Mitte 1994 bis Anfang 1996.

Was es wirklich mit den Einbrecherbanden aus dem Kosovo auf sich hat, ob die Schlagzeilen zutreffend sind, das soll dieses Kapitel versuchen zu klären.

Kosovo-Albaner

„Kiez - Krieg (Oktober 1994)

Kosovo-Albaner machen alles, was Geld bringt. Sie sind immer einen Tick brutaler als die „Konkurrenz". Jeder Täter ist bewaffnet, vom Messer über die Pistole bis zur Handgranate wurde schon alles auf St. Pauli gefunden.

Auf der Frankfurter Einkaufsstraße Zeil lächelte ein Kosovo-Albaner noch in die Kameras, als er von der Polizei abgeführt wurde. Kurz zuvor hatte er einen Killerauftrag auf offener Straße mit einer Maschinenpistole ausgeführt und dabei mehrere Personen getötet und verletzt.

Anfang 1995 erschien ein Artikel zum Thema Ausländerkriminalität.

Ausländerkriminalität wurde jahrelang tabuisiert, wird jetzt von Monat zu Monat brisanter. In der Bundesrepublik leben 81,5 Millionen Menschen, darunter rund 8 - 9 % Ausländer.

In Hamburg beträgt der Ausländeranteil ca. 14 %.

In einer Anfang 95 durchgeführten Untersuchung befanden sich in Hamburger Untersuchungshaftanstalten und in den beiden Jugendhaftanstalten insgesamt folgende Personen:

461 männliche Häftlinge im UG, darunter 247 Ausländer; von den Ausländern allein 82 wegen Verdacht des Drogenhandels.

Jugendanstalt Hahnöfersand: 90 Häftlinge, davon 52 Ausländer (23 wegen Verstößen gegen das Betäubungsmittelgesetz).

Anstalt Vierlande: 163 U-Häftlinge, darunter 102 Ausländer (24 Drogentäter).

Hamburg ist nach diesen Zahlen eine der Hochburgen der Ausländerkriminalität.

„Dem unübersehbaren Anstieg der Ausländerkriminalität steht eine verunsicherte, in weiten Bereichen demotivierte und im Vergleich mit der technischen Ausstattung der Banden mangelhaft ausgerüstete Polizei gegenüber, die noch dazu machtlos ist, wenn (wie in der Rauschgiftkriminalität) mehr und mehr strafunmündige Ausländer auftreten".

Dem Verfasser dieses Artikels muß insoweit widersprochen werden, als daß die polizeiliche Ausstattung nicht ganz so desolat ist im Vergleich zur „Gegenseite". Demotivierte Kollegen habe ich eigentlich in der Form nicht kennengelernt, „frustriert" trifft auf einige sicherlich zu, aber auch nur temporär.

Wir leben in unserem Beruf mit Herausforderungen, die unsere Gegenseite uns stellt. Sicherlich stoßen wir oft auf Probleme, die in der Anfangsphase für unüberbrückbar gehalten werden. Doch die Erfahrungen zeigten, daß die Polizei bislang keinen Grund hatte und hat, vor Straftätern zu kapitulieren. Solange eine Polizeiführung und eine politische Führung da sind, die sich vor den Beamten stellen und ihm all das ermöglichen, was er zur Bewältigung seines Berufes benötigt, kann eigentlich kein Frust aufkommen.

Wir als Polizeibeamte sind allerdings auch gehalten, uns gewissen Zwängen zu unterwerfen, als da z.B. akute Finanzprobleme sind, die vielleicht die eine oder andere Beschaffung von wichtigem Arbeitsgerät verzögert.

Dies ist allerdings ein Punkt, wo die Verwaltungen ein wenig weltoffener reagieren könnten. Es sind Fälle aufgetreten, in denen Privatleute Polizeidienststellen z.B. Pkw oder PC angeboten haben (kostenlos), diese aber nicht angenommen wurden, weil „im Haushalt für die Unterhaltung bzw. Reparatur dieser Geräte kein Geld zur Verfügung steht".

Die Ausländer machen *hemmungslos von der Schußwaffe Gebrauch.*

Diese These habe ich sehr oft gehört und gelesen. Ein Glück, daß sie falsch ist.

Es ist die absolute Ausnahme, wenn ein Einbrecher einmal an einem Tatort von einer Schußwaffe Gebrauch macht. Im Gegenteil, nach meinen Erfahrungen (mit denen ich nicht allein dastehe) ist nur ein verschwindend geringer Teil der Einbrecher überhaupt mit Schußwaffen ausgerüstet (dies gilt auf jeden Fall für den Zeitpunkt der Tatbegehung).

Kosovo-Albaner, und diese Personengruppe stellt ja das Thema dieses Buches dar, haben nach Erkenntnissen der norddeutschen Polizeien bei Ausführung ihrer Taten keine Schußwaffen bei sich.

Mir sind Festnahmen von kosovoalbanischen Einbrechern in dreistelliger Größenordnung bekannt; in keinem Fall ist ein Kosovo-Albaner mit einer scharfen Schußwaffe angetroffen worden.

Die Begründung dafür ist ganz einfach: Das deutsche Strafrecht verurteilt einen Einbrecher wegen Einbruchs zu einer Maximalstrafe von 5 Jahren, ein Einbruch mit Waffen wird dagegen wesentlich höher bestraft. Dieser Umstand ist den Tätern bekannt, haben sie doch fast alle Anwälte, die ihnen entsprechende rechtliche Unterweisungen geben (diese Aussage wurde von mehreren befragten Einbrechern bestätigt).

Kosovo-Albaner

Diese Aussage, die ich eben gemacht habe, bezieht sich natürlich nur auf die Einbrecher, die sich in Hamburg etabliert haben und Gegenstand dieses Kapitels, ja dieses gesamten Buches sind.

Mir – und sicher auch einigen Lesern – ist sehr wohl bekannt, daß es auch Gruppierungen von Kosovo-Albanern gibt, die sehr wohl bewaffnet ihre Taten ausführen, dann meistens aber Raubstraftaten, Stichwort „Hahnwaldbande", die mit äußerster Brutalität (Körperverletzungen, Vergewaltigungen) gegen Hausbewohner vorgegangen ist, dabei auch Waffen eingesetzt hat.

Ich bin mir auch im klaren darüber, daß das von meiner Ermittlungsgruppe bearbeitete Klientel durchaus auch in brutalere Sphären rutschen kann. Eine Positivprognose zugunsten der Kosovo-Albaner würde und werde ich nicht abgeben. Hier – in diesem Buch – kann ich aber nur die Erfahrungen wiedergeben, die auch durch Fakten belegbar sind.

Und diese Fakten sagen eindeutig: Kosovo-Albaner tragen keine Schußwaffen bei Einbrüchen!

Die Albaner (und auch die Kosovo-Albaner) fühlen sich historisch eng mit dem deutschen Volk verbunden.

Beide Völker wurden nach Ende des letzten Weltkrieges geteilt, an den jeweiligen Grenzen wurden Schießbefehle für sog. Republikflüchtlinge ausgegeben.

Seitens der Kosovo-Albaner wird gern der Vergleich zwischen Ulbricht/Honecker auf der einen Seite und Milosevic auf der anderen Seite gezogen.

Ebenso beliebt ist der Vergleich zwischen der russischen und der serbischen Armee. Beide hätten mit unglaublicher Gewalt in ihren Machtbereichen gewirkt. Durch die stillschweigende Anerkennung der Landnahme durch die Serben auf Kosten der Albaner „ermutigte die Welt die serbisch kommandierte Armee, 10 Jahre später neue Beutezüge gegen Slowenien und Kroatien zu wagen, später auch noch gegen Bosnien".

Insbesondere durch den direkten Vergleich zwischen dem Nachkriegsdeutschland und dem albanischen Volk fühlen sich viele Albaner aus dem Kosovo magisch von Deutschland angezogen, erhoffen sie sich hier mehr Verständnis für ihre Lage in der Heimat als anderswo.

Gehen wir einmal davon aus, daß wir in Deutschland über eine halbe Million Kosovo-Albaner haben, dann hat Hamburg mit seinen angeblich 5.000 Personen aus dieser Region einen verhältnismäßig geringen Anteil (nach der Aussage des Hamburger Ausländerbeauftragten).

Wie verträgt sich diese Zahl aber mit der Zahl der Straffälligen, der polizeilich Auffälligen?

Bei der EG 941 sind über 2.000 Personen (Stand Anfang 1997) bekannt, die zum einen in Hamburg den überwiegenden Mittelpunkt ihres Lebens haben in Form von Wohn- oder Aufenthaltsort, davon über eintausend Personen, die straffällig geworden sind, überwiegend mehr oder weniger aktive Einbrecher.

In Relation zur genannten Gesamtzahl von 5.000 ergibt das einen Anteil an kriminellen und Verdächtigen von fast 45 % (ca. 20 % allein Einbrecher), eine Quote, die jedem Statistiker zu denken geben sollte.

Kosovo-Albaner leben überall in Deutschland, es leben auch überall kosovoalbanische Einbrecher, doch nicht in einer derartigen Konzentration. Was macht Hamburg zur augenscheinlichen Hochburg, zum Sitz einer Szene, die ihre Machenschaften über ganz Deutschland ausbreitet?

Kosovo-Albaner in Hamburg

Nach vorsichtigen Einschätzungen sind die meisten der heute in Hamburg lebenden Kosovo-Albaner in den frühen achtziger Jahren nach den ersten Säuberungswellen in der Heimat gekommen.

Der Großteil dieser Personen ist polizeilich gesehen unauffällig, geht einer geregelten Arbeit nach und führt ein normales bürgerliches Leben.

Vielleicht leben die Kosovo-Albaner im Vergleich zu anderen Volksgruppen ein wenig isolierter, haben weniger Durchlaßstellen als andere ethnische Nationalitäten.

Auch die inzwischen herangewachsene zweite Generation stellt die Polizei vor keine besonderen Probleme.

Das Klientel, mit dem die Polizeien der deutschen Bundesländer sich auseinanderzusetzen haben, reiste erst ab Ende der achtziger Jahre bis hin zum heutigen Tag nach Deutschland und damit auch nach Hamburg ein.

Ursprünglich wurden diese Personen zwar wahrgenommen, denn sie fielen schon sehr früh vor allem als Taschendiebe auf, Anlaß zur Besorgnis gaben sie aber nicht. Zu jeder Zeit galten sie als Jugoslawen, auch heute noch werden sie mit allen übrigen Ex-Jugoslawen unter einem einheitlichen Nationalitätenschlüssel bei Polizeien und Ausländerbehörden geführt.

Anfang der neunziger Jahre, so ab Mitte 1990, wurde insbesondere die Hamburger Polizei erstmals massiv mit diesen Personen konfrontiert:

Kosovo-Albaner

Zu dieser Zeit wurden in kurzen Zeitabständen mehrere Personen aus dem Kosovo nach Einbrüchen in Einzel-, Reihen- oder Doppelhäuser festgenommen, eine Begehungsart, die eigentlich für kriminalpolizeiliche Sachbearbeiter neu war. Jugoslawen galten bis zu dieser Zeit als typische Boutiquen- und Juweliergeschäftseinbrecher, Einbrüche in Wohnräume stellten die absolute Ausnahme dar.

Es dauerte noch einige Monate, bis klar war, daß ein neuer Tätertypus geboren war, nämlich der kosovoalbanische Wohnhauseinbrecher.

Bei Auswertung sämtlicher Fälle des Jahres 1990 stellte sich heraus, daß schon in diesem Jahr die Kosovo-Albaner dominierten.

Die Zahlen der polizeilich bekannten Einbrecher aus dieser Region stiegen in den nächsten Jahren stetig an, von anfänglich 40 im Jahre 1990 auf 200 im Jahre 1991 und 400 im Jahre 1994.

Heutzutage liegt die Zahl der bekannten Einbrecher bei über 1.000.

Diese Entwicklung führte dazu, daß im Jahre 1994 eine länderübergreifende Ermittlungsgruppe (EG 941) in Hamburg ins Leben gerufen wurde; mehr zu dieser Ermittlungsgruppe im nächsten Kapitel.

Eine Großstadt wie Hamburg bietet Straftätern aus dem In- und Ausland ideale Unterschlupfmöglichkeiten. Man findet überall Gleichgesinnte, die einschlägig bekannten Lokale auf St. Pauli und um den Hauptbahnhof bieten sich als Treffpunkte förmlich an.

Ähnliche Gedanken mögen auch die Kosovo-Albaner dazu getrieben haben, ihren (nach heutigem Erkenntnisstand) Schwerpunkt nach Hamburg zu verlagern.

Hamburg ist geprägt von einer Vielzahl von ausländischen Mitbürgern, die zum Teil ihre eigene Kultur in die Hansestadt getragen haben und hier weiter pflegen. Türken, Kurden, Jugoslawen, Schwarz- und Nordafrikaner, Südamerikaner bilden ihren Teil an der Gesamtbevölkerung.

Aber auch die Kriminalität wird von diesen Gruppierungen getragen, sehr zum Leidwesen der zuständigen Polizeien.

Es ist heutzutage, wo Kommunikationsmittel wie das Fernsehen jedem Straftatwilligen verraten, wie er sich verhalten muß, schon schwer genug, die Kriminalität von Deutschen zu bekämpfen.

Um wieviel schwerer ist es jedoch, in die Ausländerkreise hineinzukommen, um wirkungsvolle polizeiliche Arbeit zu leisten.

Und dann bildet sich noch so eine Gruppe, die sich nach außen hin hermetisch abschließt, keine ethnischen Durchlaßstellen bietet.

Kosovo-Albaner

Auf der einen Seite eine Herausforderung, auf der anderen Seite aber auch Grund zum Resignieren?!

Um die Antwort vorwegzunehmen: Resignation hat in den Reihen der Polizei keinen Platz!

Sie heißen Ali, Lulzim, Agim, Arben, Ylli usw.usw.

Sie sind zwischen 17 und 30 Jahren alt, männlichen Geschlechts, äußerlich gesehen eine Mischung aus Südeuropäern aus Italien und dem Balkan.

Sie fallen innerhalb der gesamten Ausländerschar positiv auf durch ihr Äußeres: gepflegt, sauber, frisiert und rasiert.

Und sie legen viel Wert auf eine saubere Garderobe.

Das ist mit wenigen Worten eine Kurzcharakterisierung der Kosovo-Albaner.

Die Hamburger Kosovo-Albaner bilden in Hamburg eine festgefügte Szene. Nach derzeitigem Erkenntnisstand (Januar 1997) zählen ca. 2.000 Personen zu dieser Szene, von denen allerdings nicht alle ständig in der Hansestadt sind. Zieht man die Personen ab, die sich entweder in Haftanstalten, im Ausland oder in anderen deutschen Landesteilen befinden, so bleibt aber dennoch eine erkleckliche Zahl übrig.

Diese Personen haben ihre eigenen Gewohnheiten.

Zum einen wären da die Treffpunkte. Lokale, Tanzcafes, Bahnhofrestaurants – zu bestimmten Uhrzeiten beginnend mit der Mittagszeit kommen die Kosovo-Albaner hierher.

Anschließend sitzen sie stundenlang zusammen, sprechen, trinken (selten Alkohol), rauchen.

Zwischendurch werden immer mal wieder die Lokale gewechselt, um weitere Bekannte zu treffen. Zwischen den Lokalen herrscht ein reges Treiben, was allerdings nur ein aufmerksamer Beobachter feststellen kann, denn die Lokale befinden sich in Gegenden, die ohnehin menschenüberlaufen sind, St. Georg und St. Pauli, den beiden Zentren des Hamburger Rotlichtmilieus.

In den Lokalen, in denen sich die Kosovo-Albaner treffen, verkehren fast keine anderen Nationalitäten. Einzige Ausnahme: sog. Tirana-Albaner.

Von Zeit zu Zeit werden die Stammlokale gewechselt, Gründe hierfür sind nicht immer erkennbar. Die augenfälligste Motivation zum Lokalwechsel ist eine Fülle von polizeilichen Aktionen gegen ein bestimmtes Lokal. Wenn die Kontrollen den Besuchern zu häufig werden, wenn sie sich durch die Polizei zu sehr belästigt fühlen, dann wird eben gewechselt; so zumindest das Resultat aus mehreren Befragungen zu diesem Thema.

Natürlich haben die Personen ein Recht darauf, sich untereinander in Ruhe zu treffen und zu unterhalten.

Nur: Einbruchsopfer haben auch Rechte, die durch Kosovo-Albaner brachial eingeschränkt werden, durch Kosovo-Albaner, die sich in den Lokalen zu Straftaten verabreden und sich dort treffen, um ihre Sore abzusetzen.

Nur aus diesem Grunde führt die Polizei die Kontrollen durch, nicht, wie einige Anwälte gern behaupten, „um sie ethnisch zu verfolgen".

Innerhalb der Gesamtszene gibt es augenscheinlich einige hierarchische Unterschiede, die ich, soweit sich dies aus meinen selbstgewonnenen Erkenntnissen ergibt, aufzuzeigen versuchen möchte.

Die Szene setzt sich aus vier Ebenen zusammen:
- Hehler
- etablierte Einbrecher
- Truppführer
- Arbeiter/Soldaten.

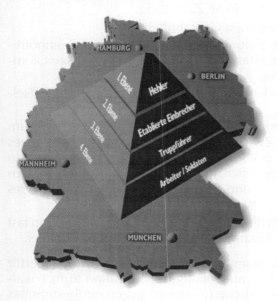

Arbeitsebenen der Kosovo-Albaner in der Bundesrepublik Deutschland.

Zu den Hehlern werde ich mich in einem späteren Kapitel („Arbeitsweise...", Unterpunkt „Absatz des Stehlgutes") äußern.

Sie sind, um es kurz zu sagen, die Personen, um die sich die Einbrecher scharen, sie sind es, die ständig dafür Sorge tragen, daß neues Geld in die Reihen der Einbrecher fließt.

„Etablierte Einbrecher", hinter diesem Begriff verbergen sich die kosovo-albanischen Einbrecher, die seit Jahren in Hamburg sind, aufgrund ihrer

Tätigkeiten reichlich Erfahrung mit der Polizei und der Justiz gesammelt haben.

Etabliert soll auch bedeuten, daß sie sich nicht mehr unbedingt am aktiven Einbruchsgeschäft beteiligen; dies kommt zwar gelegentlich noch vor, wird aber immer seltener.

Etablierte Einbrecher sind in der Regel zwischen 25 und 30 Jahren und leben heutzutage nicht mehr im Bereich St. Pauli, sondern in ganz normaler bürgerlicher Umgebung wie jeder andere Bürger auch.

Sie haben zumeist eine deutsche Frau oder feste Lebenspartnerin. Viele Kosovo-Albaner haben deutsche Frauen geheiratet, um ihren Aufenthalt in der Bundesrepublik Deutschland zu legalisieren (obwohl eine Heirat nach dem Ausländerrecht einer Ausweisung nicht unbedingt entgegensteht: Einem Kosovo-Albaner, der dem Beamten bei der Ausländerbehörde freudig seine Heiratsurkunde zeigte, wurde kategorisch mitgeteilt, daß, wenn seine Frau ihn so richtig liebe, sie ja auch durchaus mit ihm im Kosovo leben könne! Die Ausweisung wurde weiter betrieben).

Viele dieser Personen haben Kinder, führen auch ein intensives Familienleben, zumindest tagsüber. Wenn die Männer am Abend sich zu ihren Landsleuten begeben, bleiben die Frauen zu Hause.

Diese Gruppe wohnt in Einzelhäusern, Reihenhäusern, Mietwohnungen, Sozialwohnungen, je nachdem, was sie sich „erarbeitet" haben.

Mir ist in diesem Zusammenhang kein Kosovo-Albaner bekannt, der einer geregelten Arbeit auf Dauer nachgeht bzw. nachging.

Aufgrund des Gesamtkomplexes kann davon ausgegangen werden, daß diese „Etablierten" eine herausgehobene Funktion haben, so eine Art „Obereinbrecher".

Sie scheinen den Einbruch zu dominieren, indem sie Personen aus den beiden nachfolgenden Kategorien zum „Arbeiten" schicken.

Jeder „Etablierte" dürfte mehrere Truppführer mit den dazugehörigen Soldaten unter sich vereinigen; so zumindest stellt sich die Gesamtkonstellation für mich dar.

Die „Etablierten" haben aber auch noch andere Funktionen. Sie dürften die Einbruchsorte und -mengen bestimmen, sind vermutlich auch diejenigen, die außerhalb Hamburgs gelegene Einbruchsgebiete ausbaldowern.

Sie sorgen ferner dafür, daß ständiger Nachschub an Personen aus der Heimat kommt, indem sie Gelder an ihnen bekannte Schleuser zahlen. Mit dieser Maßnahme gewährleisten sie, daß die Gruppen, die sie unter sich aufgebaut haben, nicht versiegen, wenn z.B. einmal ein Trupp festgenommen und eingesperrt wird.

„Truppführer" sind genau wie die „Etablierten" erfahrene Einbrecher, ebenfalls mit Erfahrungen bei Polizei und Justiz.

Sie sind jünger als die erstgenannte Gruppe, zwischen 20 und 25 Jahren, üben aber schon eine mittlere Führungsfunktion aus.

„Truppführer" besagt, daß sie einen Trupp von Einbrechern, bestehend aus 2 - 3 Personen, befehligen. Wie sich der Einbruch im einzelnen vollzieht, werde ich im Kapitel „Arbeitsweise der kosovoalbanischen Einbrecher" schildern.

Im Gegensatz zu den „Etablierten" leben und wohnen die „Truppführer" überwiegend im Stadtteil St. Pauli, genau wie die „Arbeiter/Soldaten".

Sie leben in allen Wohnräumen, die ihnen die Sozialbehörde zur Verfügung stellt: Appartements, Wohnungen, Zimmer, Betten in Hotels oder auf den im Hamburger Hafen verankerten Containerwohnschiffen.

Ein Großteil von ihnen ist ebenfalls mit deutschen Freundinnen liiert, ein Teil auch verheiratet.

„Arbeiter/Soldaten" sind Begriffe, die ich von den Kosovo-Albanern übernommen habe. So bezeichnen sie sich selbst, aus diesen Begriffen läßt sich auch die Tätigkeit dieser Personen ablesen.

In der Gesamtszene bilden diese Personen die absolute Mehrheit. Schleuseraktivitäten sorgen dafür, daß ständig ein Reservoir an „Nachwuchs-"Einbrechern vorhanden ist.

Sie erhalten für ihre Arbeit relativ wenig Geld (DM 50,00 pro erfolgreichem Einbruch), fügen sich aber widerspruchslos in ihre Rolle. Auf der anderen Seite wissen sie, daß durch ihre „Vorgesetzten" dafür Sorge getragen wird, daß die eigenen Familien in der Heimat finanzielle Unterstützung erhalten (so die Aussage eines „Soldaten").

Diese Kategorie von Kosovo-Albanern erkennt der Beobachter stets daran, daß sie noch nicht sehr viele Kontakte zu den anderen Gruppen haben, oftmals in den Lokalen ziemlich allein und hilflos herumstehen.

Auch ihre Kleidung entspricht in den Anfangswochen noch nicht der üblichen Garderobe der Kosovo-Albaner.

Das ändert sich aber spätestens nach den ersten erfolgreich verlaufenen Einbrüchen.

Diese „Arbeiter" sind solange für die anderen beiden Kategorien tätig, bis sie die Kosten z.B. für ihre Schleusung abgearbeitet haben (und vermutlich auch noch die Zinsen); dann können sie in die zweite Stufe der „Truppführer" aufsteigen.

Soweit die Skizzierung der Kosovo-Albaner-Szene in Hamburg.

Wiederholt tauchte die Frage auf, ob wir es hier mit dem Bereich der Organisierten Kriminalität zu tun haben.

Nach meiner Meinung, und damit stehe ich nicht allein da, sind zwar Organisationsstrukturen vorhanden, die den Tatbestand der „Bande" erfüllen (= arbeitsteiliges Zusammenwirken von zwei oder mehr Personen zur Begehung von Straftaten, z. b. Einbrüche).

Den großen Paten an der Spitze, den Mann, der alle Fäden in der Hand hält, gibt es innerhalb der Hamburger Kosovo-Albaner-Szene (noch) nicht.

Es handelt sich um viele Kleinstrukturen, um viele Banden, die sich zwar kennen, auch vielleicht untereinander absprechen, wo sie „arbeiten" wollen, um sich gegenseitig nicht ins Gehege zu kommen, aber insgesamt reicht das nicht aus, um sie in den Bereich der Organisierten Kriminalität einzugruppieren.

Einzelne Gruppen der Kosovo-Albaner haben aufgrund ihrer Struktur sicherlich OK-Charakter, auf keinen Fall aber die Gesamtheit aller Gruppen.

Der Zusammenhalt der Szene zeigt sich auch z.B. bei der Inhaftierung von Landsleuten. Diese Personen werden in Vollzugsanstalten von Landsleuten betreut, mit allem versorgt, was sie brauchen.

Kernaussage eines Kosovo-Albaners: „Lieber gehe ich fünf Jahre in einen deutschen Knast als einen Tag in den Kosovo!"

Gleiches gilt in bezug auf die anwaltliche Versorgung.

Es ist schon vorgekommen, daß Anwälte sich nach dem Verbleib ihrer Mandanten bei der Polizei erkundigt haben, bevor der Sachbearbeiter überhaupt von der Festnahme erfuhr.

Hat der Festgenommene kein Geld, wird für ihn gesammelt oder gute Freunde, besonders die Mittäter, strecken das Geld vor.

Die Kosovo-Albaner sind ein wanderndes Volk. Viele der Personen, die ein oder mehrere Male polizeilich erfaßt worden sind, tauchen die nächsten Jahre überhaupt nicht wieder auf.

Nach unseren Erkenntnissen besteht eine stetige Fluktuation zwischen mehreren europäischen Ländern sowie ein häufiger „Personalaustausch" zwischen deutschen Bundesländern, insbesondere zwischen den deutschen Großstädten (Hamburg - Berlin - Frankfurt - Hannover - München).

Kosovo-Albaner

Nur am Rande und der Vollständigkeit halber möchte ich abschließend zu diesem Kapitel noch erwähnen, daß die Kosovo-Albaner natürlich keine reinen Einbrecher sind. Sie bzw. ihre Landsleute sind auch auf anderen polizeilich relevanten Gebieten aktiv, z.B. beim Handel mit Betäubungsmitteln, bei der Zuhälterei, beim Waffenhandel, beim Taschendiebstahl. Es kommt auch gelegentlich vor, daß Einbrecher das Betätigungsfeld wechseln und plötzlich Zuhälter werden, aber das ist nicht der Regelfall.

Siehe hierzu am Ende des Bandes das Kapitel des Herausgebers „Prognosen und Szenario 2000".

Ermittlungsgruppe (EG) 941

Ich erinnere mich heute noch genau an die Worte eines Kollegen, der im Jahre 1992, nachdem er einen kosovoalbanischen Einbrecher vernommen hatte, zu mir sagte:

„Diese Kosovo-Albaner werden uns noch reichlich Arbeit bereiten. Bis zu meiner Pensionierung werden wir dieses Problem noch nicht gelöst haben!"

Zu der Zeit hatte der Kollege noch gut zwanzig Jahre Arbeit vor sich!

Im Herbst 1992 führte eine einige Hundert Taten umfassende Bohreinbruchserie in Hamburg zur Festnahme eines Kosovo-Albaners.

Eine zahlenmäßig etwa gleichstarke Serie veranlaßte die Polizei des Landes Schleswig-Holstein im Oktober 1993 zur Einrichtung einer Sonderkommission auf Landesebene, der „SOKO Wohnung" mit Sitz in Bad Segeberg.

Schnell mußten die dort arbeitenden Beamten feststellen, daß das Klientel, mit dem sie es zu tun hatten, seinen Wohnsitz überwiegend in Hamburg hatte.

Auf einer gemeinsamen Besprechung von leitenden Polizeibeamten der Länder Schleswig-Holstein, Niedersachsen, Mecklenburg-Vorpommern und Hamburg wurde im Februar 1994 beschlossen, gemeinsam gegen die sog. Bohreinbrecher vorzugehen.

Es war die Geburtsstunde meiner Dienststelle, der Ermittlungsgruppe (EG) 941.

Personell setzte sich die EG 941 zunächst aus Hamburger und Schleswig-Holsteinischen Beamten zusammen, später kamen auch Niedersächsische und Mecklenburger Beamte hinzu.

Kosovo-Albaner

Der Auftrag, den wir mit auf den Weg bekamen, lautete:

„Bekämpfung der gewerbs- und gewohnheitsmäßig begangenen und nach Sachlage organisierten Einbruchsstraftaten und deren Verwertungstaten im norddeutschen Raum".

Bewußt wurde auf die Formulierung „Kosovo-Albaner" verzichtet, immer eingedenk der Tatsache, daß es ja auch noch andere Tätergruppen gab und gibt, die ähnliche Straftaten verüben und bei einer derart eingeschränkten Zuständigkeit nicht von der EG 941 bearbeitet werden könnten.

Im Verlaufe der vergangenen zwei Jahre wurde in mehreren Fällen gegen Personen ermittelt, die nicht aus dem Kosovo stammten, wohl aber unter die Kriterien des Auftrages fielen.

Bekanntlich ist aller Anfang schwer, und so war es auch bei der EG 941.

Wir erhielten als Grundausstattung vier PC, aber nur zwei Beamte hatten bis zu dem Zeitpunkt jemals mit einem derartigen Gerät gearbeitet.

Die Anfangsschwierigkeiten waren schnell überwunden, die EG 941 war nach wenigen Tagen voll einsatzbereit und einsatzfähig.

Auf der Basis geltenden Datenschutzrechts wurde eine Datei aufgebaut, die bis zum heutigen Tage in Betrieb ist.

Begonnen wurde diese edv-gestützte Datei mit ca. 700 Personendatensätzen, darunter ca. 90 % Personen aus dem Kosovo.

Mitte 1996 lag die Zahl dieser Datensätze bei ca. 2.000. Hinzu kommen Daten über gestohlene Kraftfahrzeuge und über Einbrüche. Die Gesamtzahl der Datensätze dürfte etwa bei 8.000 liegen.

Aufgrund dieser Datei sind die Mitarbeiter der EG 941 jederzeit in der Lage, Serienstraftaten zu erkennen und in bestimmten Fällen auch die Täter zu ermitteln.

So ergaben die Ermittlungen im Mai 1994 in einer größeren Einbruchsserie in Niedersachsen Hinweise auf einen kosovoalbanischen Einbrecher, der kurze Zeit zuvor in das Zentrum der Einbruchsserie gezogen war. Es wurden daraufhin polizeiliche Maßnahmen eingeleitet, die nach sehr kurzer Zeit zur Festnahme von zwei Einbrechern führten; beide kamen gerade von neuerlichen Einbrüchen zurück.

Dank der perfekt funktionierenden EDV-Technik kam es in den folgenden Monaten und Jahren wiederholt zu ähnlichen Ermittlungserfolgen.

Kosovo-Albaner

Die genaue Arbeitsweise und die Konzeption, die die EG 941 verfolgt, möchte ich in diesem Buch aus naheliegenden Gründen nicht weiter ausführen.

Eines läßt sich unbestritten feststellen (und mit dieser Meinung stehen die Mitarbeiter der EG 941 nicht allein da): Erfolgreich arbeitet diese Ermittlungsgruppe allemal!

Die Erfolge zeigen, daß mit viel Engagement und hoher Motivation auch entsprechende Leistungen erbracht werden können. Oder ist Ihnen eine Firma oder Dienststelle bekannt, bei der innerhalb von neun Monaten anstrengender Arbeit kein einziger Krankentag zu verzeichnen war/ist?

In den ersten 28 Monaten ihres Bestehens haben die Mitarbeiter der EG 941 über 7.000 Ermittlungsvorgänge bearbeitet.

Im Zuständigkeitsbereich der norddeutschen Bundesländer konnten über 230 Personen aus der Hamburger Kosovo-Albaner-Szene festgenommen werden, in 173 Fällen erließen die zuständigen Gerichte Haftbefehle.

Über 70 Personen des zu bearbeitenden Klientels befanden sich zum selben Zeitpunkt in Haft, weitere 55 wurden mit Haftbefehlen gesucht.

Die Akzeptanz der EG 941 durch andere Dienststellen in den norddeutschen Bundesländern ist nach anfänglicher Skepsis äußerst positiv. Es herrscht eine sehr positive und für alle Seiten fruchtbare Zusammenarbeit.

Der Bekanntheitsgrad der EG 941 innerhalb der bundesdeutschen Grenzen hat sich durch Initiative einzelner Mitarbeiter und durch Veröffentlichungen in polizeieigenen oder gewerkschaftlichen Zeitschriften ständig vergrößert. Heute kann mit Recht gesagt werden, daß die EG bundesweit bekannt ist und regelmäßigen Kontakt zu diversen Dienststellen in Deutschland pflegt.

In mehreren Fällen ist es auch zu intensiven Kontakten mit Auslandsdienststellen gekommen. Dabei wurde wiederholt festgestellt, daß Deutschland in bezug auf die Kosovo-Albaner nicht das einzige Land ist, das diese Personen mit einer Straftatenwelle überziehen.

Eines wird von den Mitarbeitern der EG 941 allerdings (noch) vermißt: Entsprechende Partnerdienststellen in anderen Bundesländern.

Diese werden zwar anlaßbezogen eingerichtet, z.B. bei aktuellen Einbruchsserien, dann aber auch wieder aufgelöst, wenn die Serie beendet oder aufgeklärt worden ist.

Die Auflösung ist auch das Hauptproblem der EG 941: Eine Ermittlungsgruppe ist eine temporäre Einheit, die regelmäßig nach einer bestimmten Zeit (ein bis zwei Jahre) wieder aufgelöst wird.

Die gleiche Besprechungsrunde, die die EG seinerzeit eingerichtet hat, muß alle sechs Monate über ihren Fortbestand entscheiden.

Für die Mitarbeiter bedeutet dieser Umstand jeweils einen Motivationsverlust, wenn auch (bisher)nur für kurze Zeit.

Jeder einzelne Sachbearbeiter ist bereit, einen Teil seiner Freizeit für die EG-Arbeit zu opfern, viele Überstunden sind an der Tagesordnung.

Von anderen Kollegen haben wir uns wiederholt die Frage anhören müssen, warum wir das alles auf uns nehmen, warum wir so viel arbeiten, wo wir es doch an anderen Dienststellen auch bequemer haben könnten?

In erster Linie geht es allen EG-Mitarbeitern um die Sache, um ein Klientel, das auch in der heutigen Zeit immer noch nicht richtig eingeschätzt wird, ja noch unterschätzt wird.

Wenn dann zu diesen sachlichen Überlegungen noch persönliche wie eine in sich völlig harmonische personelle Zusammensetzung hinzukommt, dann dürfte die -vielleicht nur provokant gemeinte??- Frage hinreichend beantwortet sein.

Persönliche Vorteile wie z.B. vorzeitige Beförderungen hat keiner der in der EG 941 arbeitenden Beamten, im Gegenteil. Als Idealisten möchte ich uns aber dennoch nicht bezeichnen, eher als Beamte mit einem gesunden Berufsverständnis.

Ich wollte mit diesem Kapitel keineswegs ein Loblied auf die EG 941 singen, sondern nur einmal darstellen, wie die tägliche Arbeit aussieht, mit welchen Problemen sich jeder einzelne Mitarbeiter zu befassen hat.

Leider sind wir nicht Darsteller in einem Freitagabendkrimi. Wir gewinnen nicht jeden Fall.

Wir haben gelernt, auch Niederlagen einzugestehen und wegzustecken, haben andererseits aber auch gesehen, daß mit konzeptioneller Beharrlichkeit ein am Anfang scheinbar aussichtsloser Kampf doch zu Erfolgen führt.

Heute sind wir soweit, daß wir unserem Kollegen, den ich am Anfang dieses Kapitels zitiert habe, sagen können: *„Wir schaffen es vorher, und zwar weit vorher!"*

Der Kollege ist im übrigen auch in der EG 941, genauso motiviert wie alle anderen!

Fall Schneverdingen

Im Mai 95 erreichte die EG (Ermittlungsgruppe) 941 die Mitteilung über eine Einbruchsserie in den Bereichen Verden und Rotenburg. Mehrere Anzeichen sprachen dafür, daß es sich bei den Tätern um Kosovo-Albaner handeln dürfte:

- Arbeitsweise: Bohren und Hebeln
- Tatzeiten: nur zur Nachtzeit
- Stehlgut: Bargeld, Plastikkarten, Schecks, Schmuck, Bekleidung, Kfz.
- viele Tatorte in einem örtlichen Kleinbereich, viele Versuche

Alles Indizien, die auf die Täterschaft von Kosovo-Albanern hindeuteten.

Bei Auswertung aller aus diesen Bereichen hinzugezogenen Vorgänge wurde weiterhin festgestellt, daß mehrere bei Einbrüchen entwendete Kraftfahrzeuge immer wieder im Ort Schneverdingen abgestellt aufgefunden wurden.

Die Ermittlungen konzentrierten sich zunächst auf zwei Asylbewerberunterkünfte in Schneverdingen. In der Nähe dieser Wohnheime wurden zwei Fahrzeuge der o.g. Art aufgefunden.

Ein Anfangsverdacht ergab sich gegen ortsansässige Kosovo-Albaner aus den genannten Unterkünften.

Durch die EG 941 wurde weiterhin ermittelt, daß ein amtsbekannter Einbrecher,

> Afrim P., 20 Jahre alt (Pers. geändert),
> Kosovo-Albaner der Hamburger Szene,

seit einigen Wochen zusammen mit seiner deutschen Ehefrau seinen Wohnsitz in Schneverdingen genommen hatte.

Weitere Ermittlungen ergaben, daß eines der bei den Tatorten entwendeten Kraftfahrzeuge in unmittelbarer Wohnhausnähe des P. aufgefunden worden war. Unabhängige Zeugen hatten an diesem Pkw zu verschiedenen Zeiten einen Mann bemerkt, dessen Beschreibung durchaus auf den P. zutraf.

P. wurde im übrigen zu dieser Zeit von der StA Hamburg mit U-Haftbefehl gesucht.

Nach Rücksprache mit den örtlich zuständigen Kriminalbeamten in den betroffenen Kreisen wurde am 8.6.94 ein Observationsauftrag gegen zwei Verdächtige erteilt, und zwar gegen einen Bewohner der o.g. Asylbewerberunterkünfte und gegen den P.

Die Observation wurde um 19.35 Uhr begonnen, die P. konnte bereits kurz nach diesem Zeitpunkt in dem Fahrzeug seiner Ehefrau aufgenommen werden.

Er war in Begleitung einer zweiten männlichen Person. Sie fuhren zu dem P. in die Wohnung und bekamen kurze Zeit später Besuch von einer dritten männlichen Person.

Um 23.46 Uhr bestiegen alle drei das Fahrzeug und wurden kurze Zeit später von den Observationskräften aus den Augen verloren.

Die Observanten nahmen anschließend Aufstellung rund um die Wohnanschrift des P.

Um 02.46 Uhr kehrte das Fahrzeug der Frau P. zur Wohnanschrift zurück, im Fahrzeug 2 Personen (über die Identität der dritten Person ist bis zum heutigen Tage nichts bekanntgeworden).

Beide Personen wurden festgenommen und sofort der Polizei in Soltau zugeführt.

Bei den Personen wurde Stehlgut aus einem kurz zuvor begangenen Einbruch gefunden. Ferner konnten an den Personen und im Pkw diverses typisches Einbruchswerkzeug sichergestellt werden (Bohrer, Schraubendreher, Rollgabelschlüssel).

Neben dem P. wurde sein 26jähriger Landsmann J. festgenommen, polizeilich ebenfalls kein unbeschriebenes Blatt.

Durchgeführte Durchsuchungen führten zur Sicherstellung von umfangreichem Diebesgut.

Die Ermittlungen gestalteten sich sehr langwierig, da mehrere 100 Einbruchsdiebstähle in die Überprüfungen mit einbezogen wurden.

Gegen Ende des Jahres 94 wurde das Verfahren abgeschlossen.

Dem Beschuldigten P. konnten 94 Einbrüche bzw. Hehlereien aufgrund der Spurenlage, Zeugenanerkennungen pp. nachgewiesen werden.

Der J. wurde letztlich nur wegen der letzten Tat angeklagt, da die Beweislage gegen ihn nach Ansicht des Gerichts nicht ausreichend war.

Kosovo-Albaner

P. erhielt für seine Taten eine zweijährige Jugendstrafe auf Bewährung wegen fortgesetzter Hehlerei, J. bekam eine Geldstrafe von 210 Tagessätzen. In beiden Fällen wurde die ca. 9monatige Untersuchungshaft angerechnet.

Letztlich war es den ermittelnden Kollegen nicht gelungen, das Gericht und die Staatsanwältin hinreichend zu sensibilisieren in bezug auf die Gesamtszene der Kosovo-Albaner in Norddeutschland. Allein diesem Umstand haben die Angeklagten die doch sehr milden Strafen zu verdanken.

Die beiden beschriebenen Täter sind seit ihrer Freilassung wiederholt polizeilich aufgefallen. Beide bewegen sich nach wie vor in der Hamburger Kosovo-Albaner-Szene, strafrechtlich relevante Vorgänge sind bislang noch nicht erwachsen.

Fragebogen I

1. Geschlecht: m w

2. Alter:

3. Schulbildung: Kosovo Deutschland

4. Beruf:

5. Fam.-Stand:

6. wann gekommen:

   mit wem:

7. wie gekommen: legal illegal über Grenze geschleust

8. wo in D gewesen:

9. warum gekommen:

10. Zukunft:

11. Familie in Heimat: Personenzahl Land/Stadt Unterstützung

12. Bemerkungen:

Kosovo-Albaner

Insgesamt wurden von mir 22 Personen befragt, die alle einen mehr oder weniger großen Teil ihres Lebens im Kosovo verbracht haben.

Sämtliche befragten Personen legten großen Wert darauf, anonym zu bleiben, da sie für den Fall, daß ihr Name auftaucht, mit Schikanen seitens der eigenen Landsleute oder der Behörden rechnen.

Da ich mich als Kriminalbeamter zu erkennen gegeben habe, war natürlich ein gewisses Mißtrauen von Anfang an vorhanden, das bei einigen der Befragten auch in längeren Gesprächen nicht auszuräumen war.

Sie begründeten dieses Mißtrauen mit den schlechten Erfahrungen, die sie mit Sicherheitskräften in der Heimat gemacht haben, projizierten diese Erfahrungen auch nach Deutschland.

Dennoch waren 22 Personen bereit, mehr oder bereitwillig zu den von mir gestellten Fragen Stellung zu nehmen, wobei ich insbesondere bei der Frage nach den Gründen, warum sie nach Deutschland gekommen sind, bei den Antworten doch teilweise leichte Zweifel an der Richtigkeit hatte.

Über 20 weitere Personen weigerten sich, überhaupt irgendwelche Antworten zu geben.

– 14 der Befragten waren männlichen Geschlechts, 8 waren Frauen.

– Das Alter bewegte sich zwischen 20 Jahren und 54 Jahren.

– 18 Personen haben ihre Schulbidung im Kosovo absolviert, darunter 3 mit dem Abschluß der mittleren Reife; höhere Abschlüsse wurden nicht erzielt.

– 4 Personen besuchten deutsche Schulen, 1 befand sich noch in schulischer Ausbildung zur mittleren Reife; drei Personen haben in Hamburg den Hauptschulabschluß geschafft und befinden sich derzeit in handwerklichen Lehren.

– Außer den Lehrlingen und dem Schüler sind die übrigen Befragten entweder Hausfrauen (4) oder Arbeiter (14, darunter ein Arbeitsloser).

– 15 der Befragten sind verheiratet.

– Der Familienstand der Befragten reicht von ledig bis zu verheiratet (15).

– Der Großteil ist ab 1989 nach Deutschland gekommen (16), der Rest befindet sich bereits seit 1981/1982 in Hamburg.

Keine der befragten Personen ist allein gekommen, alle waren in Begleitung von Familienangehörigen. Eine Familie kam komplett mit 5 Personen nach Hamburg.

Alle Befragten sind illegal nach Deutschland gekommen, 12 Personen wurden durch Schleuser über die Grenzen gebracht. Alle Personen hatte Verwandte oder Bekannte in Hamburg, die mit ihnen zusammen auch die Behördenwege erledigt haben.

12 Personen haben inzwischen den Status einer „unbefristeten Aufenthaltserlaubnis" erhalten, 3 Personen befinden sich noch im Stadium des Asylverfahrens, der Rest verfügt über Duldungen.

20 der Personen sind sofort nach Hamburg gekommen, haben auch keine anderen Stationen in Deutschland aufsuchen müssen. 2 Personen gelang es nach Intervention von Verwandten, einen Platz in Hamburg zugewiesen zu bekommen.

Die Frage nach den Fluchtgründen wurde einheitlich mit politischen Gründen beantwortet. Wie auch bei der Befragung der straffällig gewordenen Landsleute sind die männlichen Befragten in erster Linie vor dem Militärdienst geflohen, einige auch, weil sie in der Heimat entweder politisch aktiv waren oder von Staats wegen verfolgt wurden.

Die weiblichen Befragten wollten bei ihren Männern bleiben, gaben aber auch politische Gründe wie z.B. Schikanierungen durch serbische Soldaten an.

In später geführten Unterhaltungen, die nicht mehr den Charakter einer Befragung hatten, äußerten einige der Befragten auch die wirtschaftliche Not in der Heimat als Fluchtgrund. Keiner wich allerdings von dem Hauptgrund für die Flucht, der politischen Verfolgung, ab.

Ihre Zukunft sehen 16 Befragte in Deutschland, wo sie sich eingelebt haben. Sie wollen teilweise versuchen, auch weitere Verwandte nach Hamburg zu holen.

6 Personen, überwiegend ältere, wollen nach Beruhigung der Situation in der Heimat dorthin wieder zurück. Wann das sein wird, konnten sie noch nicht angeben, erwarteten ihre Rückkehr aber noch im Jahre 1996.

Alle Personen haben in der Heimat eine große Anzahl von Verwandten, die von ihnen finanziell unterstützt werden. Bis zu 500,00 DM schicken einzelne Personen monatlich in den Kosovo mit Bekannten, die direkt dorthin fahren.

Die meisten dieser Familien leben auf dem Lande in kleinen Dörfern, wenige noch in den Städten, weil dort kaum noch Arbeitsplätze vorhanden sind.

Unter dem Punkt „Bemerkung" habe ich mir in drei Fällen Notizen gemacht. Übereinstimmend gaben die Befragten an, daß sie sich für ihre kriminellen Landsleute schämten, daß die es wären, daß alle Kosovo-Alba-

Kosovo-Albaner

ner immer wieder Schikanen ausgesetzt wären. Einer äußerte, daß man ihm die Konzession für ein kleines Lokal verwehrt habe mit der Begründung, er wäre Kosovo-Albaner und diese wären alle kriminell. Einem anderen wurde ein Mietvertrag mit dem gleichen Argument verweigert.

Obwohl diese Menschen offenkundig unter den Taten ihrer Landsleute leiden, möchte keiner den Schritt auf die Straftäter zu machen, da alle vor diesen Personen Angst haben. Sie fürchten, daß dann die Rache dieser Täter über ihre ganze Familie kommen könnte.

Fragebogen II

1. Alter:

2. Geschlecht:

3. Schulbildung: wo:

4. Berufsausbildung: wo:

5. Familienstand: Ehepartner:

6. wann gekommen: wann: mit wem:

7. wie gekommen: legal illegal Grenze Schleusung

8. warum gekommen:

9. warum Straftaten:

10. Familie in Heimat:

11. Bemerkungen:

Kosovo-Albaner

Zur Erstellung dieses Kapitels habe ich den vorstehend gezeigten Fragebogen entworfen und mich über einen Zeitraum von 8 Monaten mit insgesamt 12 Personen unterhalten, d.h. ein Interview durchgeführt.

Vorausschicken muß ich, daß mir die Personen, mit denen ich mich unterhalten habe, entweder persönlich schon vorher bekannt waren (i.d.R. durch Festnahmen, die meine Kollegen oder ich selbst bearbeitet haben) oder anläßlich von aktuellem Geschehen (Festnahmen, Razzien) bekannt geworden sind.

Die Personen, die mir bei dem Ausfüllen der Fragebogen behilflich gewesen sind, haben dies freiwillig gemacht unter der Bedingung (und von mir gegebenen Zusicherung), daß dies anonym geschieht. Ich habe mit ihnen den Hintergrund, nämlich dieses Buch, besprochen, was sie zwar zum Teil überrascht hat (Warum schreibt ein Kriminalbeamter ein Buch über Kosovo-Albaner? Sind wir so wichtig?), was letztlich aber bei den Betroffenen auf ein sehr positives Echo gestoßen ist.

Der Ausführlichkeit halber muß ich allerdings anführen, daß ich ursprünglich wesentlich mehr Interviews durchführen wollte. Der weitaus größte Teil der von mir Angesprochenen war mißtrauisch, was in meinen Augen völlig verständlich ist, und verweigerte jegliche Angaben. Die Zahl der „Verweigerer" liegt bei 41, so daß letztlich von den vorgesehenen Interviews nur ca. 23 % zustandekamen.

Wie die Ergebnisse zeigen, sind die Angaben aber weitgehend identisch, so daß ich der Meinung bin, ein umfassendes Bild zu den Fragen liefern zu können.

Zur Vervollständigung möchte ich noch erwähnen, daß alle Personen, die ich zu diesem Fragebogen interviewt habe, als aktive Einbrecher bei den Polizeien der zumindest norddeutschen Länder bekanntgeworden sind (einige haben auch strafrechtliche Erkenntnisse im Ausland, zwei sind in mindestens drei europäischen Ländern als Straftäter registriert).

Die Befragungen fanden ausschließlich an neutralen Orten wie in Lokalitäten oder den Wohnungen der Befragten statt, keine Befragung stand in unmittelbarem Zusammenhang mit polizeilichen Maßnahmen.

Die Befragten waren alle männlich, das Alter lag zwischen 18 und 29 Jahren.

3 der Befragten haben eine höhere Schulbildung (mittlere Reife), der Rest hat die Grundschule besucht, teils bis zur 5. Klasse, teils noch einige Jahre mehr.

Fast alle Personen haben keinen Beruf erlernt. Einige absolvierten in der Heimat eine Art Lehre oder Hospitation, keiner hat einen Abschluß bekommen. Die Hälfte der Befragten (6 Personen) hat in der Landwirtschaft innerhalb der eigenen Familie gearbeitet.

3 Personen sind in Deutschland verheiratet, und zwar mit deutschen Frauen. In der Heimat ist niemand verheiratet, eigentlich klar, wenn man sich überlegt, in welchem Alter die Betroffenen die Heimat verlassen haben.

Nach Deutschland sind die befragten Personen zwischen 1990 und 1995 gekommen. 8 Personen sind allein gekommen, 4 mit Freunden und/oder Verwandten aus der Heimat.

Alle Personen sind illegal nach Deutschland eingereist. 2 gaben an, sich selbst mit Hilfe von LKW-Fahrern durchgeschlagen zu haben (für Summen von 300,–DM bzw. 800,–DM), der Rest hat sich nach Deutschland schleusen lassen. Bis auf einen Fall (Österreich) sind alle anderen über die tschechische Grenze in die Bundesrepublik gekommen.

Für die Schleusungen wurden verschiedene Geldbeträge bezahlt (von 1.500,–DM bis 3.500,–DM).

Als Motiv für die Flucht aus dem Kosovo war eigentlich übereinstimmend die Angst vor dem serbischen Militärdienst genannt worden.

In wenigen Fällen (3) wurden private Schicksale genannt, z.B. Angriff auf einen serbischen Milizionär.

Auf die Frage, warum sie in Deutschland Straftaten, insbesondere Einbrüche, begingen und eventuell begehen, wurde übereinstimmend eine bemerkenswert einfache Antwort gegeben: Um die Familie in der Heimat zu unterstützen. Die Sozialhilfe reiche nicht aus, Jobs bekämen sie keine bzw. keine sie zufriedenstellenden. Sie würden deshalb ihre Straftaten aus einer jeweiligen Notlage heraus begangen haben.

Ebenfalls Übereinstimmung herrschte bei meiner (provokanten) Frage nach der momentanen Straffälligkeit. Keiner der Befragten wollte mehr Straftaten begehen, alle hätten „sie genug von der Polizei und vom Knast". Sie wären geläutert und kämen nun mehr recht als schlecht mit dem aus, was ihre Frauen, ihre Freunde oder die Sozialhilfe ihnen zu bieten habe. Diese Beträge reichten auch noch aus, um die Familien in der Heimat etwas zu unterstützen.

Abschließend unter dem Punkt „Bemerkung" wußten die meisten nichts mehr zu ergänzen.

Einige (3) äußerten ihren Unmut über die Behandlung von Kosovo-Albanern in Deutschland; alle würden kriminalisiert, dadurch hätten sie alle nur Schwierigkeiten. Sie seien schließlich als politische Flüchtlinge nach

Kosovo-Albaner

Deutschland gekommen und hätten hier eine wesentliche bessere Behandlung erwartet und auch verdient.

2 von diesen 3 wollen Deutschland in der nächsten Zeit verlassen und in ein anderes europäisches Land gehen (Anm.: Diese Aussage fand im Oktober 95 statt; diese Personen sind immer noch in Hamburg, auch wieder straffällig geworden).

Obwohl alle Personen beteuert haben, zukünftig keine Straftaten mehr begehen zu wollen, sind doch in dem Zeitraum zwischen Befragung und Schreiben dieses Kapitels 5 Personen wieder straffällig geworden, 4 davon als Einbrecher festgenommen und eingesperrt worden.

Einige der Personen haben mir Kopien ihrer Asylanträge bzw. Begründungen für ihren Antrag auf Aufenthalt in Deutschland für kurze Zeit überlassen. Es folgen einige Zitate aus diesen Schriften:

> „Ich war auf mehreren Demonstrationen in Tirana am 2.8.90 und 26.8.90. Es ist ein Problem für mich, in Albanien zu bleiben, weil die Polizei manchmal in mein Haus kam und ich wurde festgenommen. ...Ich möchte hier in Hamburg bleiben, weil meine Familie auch hier ist. Ich besitze keine Papiere.
> ....Mein Beruf ist Fahrer, mein Führerschein wurde von der Polizei zerrissen....."
>
> „1992 bin ich nach Mazedonien geflüchtet, dann weiter nach Rumänien, Ungarn, Tschechische Republik. Im Juli 92 bin ich in Deutschland angekommen.
> ...Im Kosovo bin ich Mitglied der Republikanerpartei,...dort organisieren wir Demonstrationen...
> ...ich sollte mich um Kinder in den Schulen kümmern, was mit denen so passiert....
> 1990 habe ich die Einberufung zum Militär bekommen, bin dieser Einberufung nicht gefolgt, sondern geflüchtet....
> ...Noch davor hatte ich von der Partei die Aufgabe, auf die Kinder einer Grundschule aufzupassen. An diesen Tagen wurden durch die Serben viele Kinder im Kosovo vergiftet. Ich sah einen Mann, der scheinbar das Gift ausstreute, sprach ihn an.....und stach ihn mit meinem Messer nieder...
> Der Mann war Serbe und ist heute bei der Miliz im Kosovo. Wenn ich dort auftauche, werde ich sofort umgebracht..."
>
> „...Ich habe bis 1991 in Pristina die Schule besucht, war in der 10. Klasse. Ich wollte noch das Abitur machen, aber dann wurden Ende 91 die Schulen für albanische Schüler geschlossen.

„...Etwas später erhielt ich einen Einberufungsbefehl zum Militär, ich sollte in der Armee gegen die Kroaten kämpfen....
..Ich habe mich zuerst versteckt, bin dann 1992 mit Hilfe von Schleusern nach Hamburg gekommen..."

„...Ich bin drei oder vier Jahre zur Schule gegangen, mußte dann mithelfen, meine Familie zu ernähren....
Ich habe an mehreren Demonstrationen teilgenommen, war auch einige Male im Gefängnis...
1992 bin ich nach Deutschland geflüchtet, weil mich die Serben gesucht haben und mich für lange Zeit ins Gefängnis werfen wollten..."

„...Ich bin zu Fuß im Jahre 1992 nach Deutschland eingereist, bin über Österreich gekommen, wohin mich ein Lastwagenfahrer mitgenommen hatte...
Ich bin aus politischen Gründen geflüchtet...
Die Serben haben mich einfach auf der Straße festgenommen, weil sie meinen Bruder suchten. Nach meiner Freilassung bin ich geflüchtet..."

„..Ich bin im Jahre 92 zum Militär gegangen, habe dort unter Schikanen zu leiden gehabt...
...Gegen Ende der Militärzeit haben Serben mehrere Male versucht, mich umzubringen, weil ich Kosovo-Albaner bin. Ich bin dann wenige Tage vor meiner Entlassung aus dem Militär geflüchtet. Heute werde ich gesucht..."

„...Ich habe an mehreren Demonstrationen teilgenommen, bin dabei auch fotografiert worden...
Ich habe gehört, daß mich die Serben deswegen gesucht haben und habe mich versteckt...
Bei meiner Mutter ist inzwischen ein Einberufungsbefehl eingegangen, nach dem ich mich sofort zu einer Reserveübung melden muß...
Ich weiß, daß das nur ein Trick der Serben ist...
Ich bin dann zusammen mit einem Freund, der auch gesucht wird, nach Deutschland, wo mein Onkel wohnt, geflüchtet..."

Kosovo-Albaner

„Arbeitsweise" der kosovo-albanischen Einbrecher

Kosovo-Albaner werden in der Presse überwiegend als sog. Bohreinbrecher bezeichnet. Was darunter zu verstehen ist, erläutere ich weiter unten.

In diesem Kapitel sollen einige Informationen zur Vorgehensweise der Täter, zum Verhalten am Tatort und zum Verhalten gegenüber Geschädigten und Polizeibeamten gegeben werden.

Tatobjekte

Typische Objekte für die Kosovo-Albaner sind Einzel-, Reihen- und Doppelhäuser.

Die Gefahr des Entdecktwerdens ist bei diesen Objekten bei weitem nicht so groß wie z.B. beim Einbruch in Mehrfamilienhauswohnungen.

Die von den Tätern aufgesuchten Objekte sind normalerweise nur von einer Familie bewohnt, es findet in diesen Objekten nicht die Fluktuation von Personen statt, wie dies in einem Mehrfamilienhaus der Fall ist.

Für die Täter bieten solche Objekte meistens auch ideale Möglichkeiten zur Annäherung, da auf kaum einem Grundstück schutzbietende Bepflanzungen fehlen. Der Täter kann sich, wenn nötig, verstecken, vor, während oder auch nach der Tat.

Die angelegten Gärten in einem Einzel-, Doppel- oder Reihenhausgebiet sind außerdem für den Einbrecher ideale Fluchtwege, ist er doch in der Regel besser durchtrainiert als der Geschädigte.

Ein ideales Objekt für die Täter mit schutzbietenden Bepflanzungen. Hier ein Kriminalbeamter nach einem Bohreinbruch bei der Spurensuche.

Hinzukommt das psychologische Moment, jederzeit auf das Entdecktwerden durch Zeugen usw. vorbereitet zu sein.

Aber noch aus einem weiteren Grund wählen diese Täter sich ihre Objekte: Einzel-, Reihen- und Doppelhäuser versprechen von Hause aus eine größere Beute als Mehrfamilienhauswohnungen. Die Kosovo-Albaner haben bei entsprechenden Befragungen übereinstimmend angegeben, daß sie zwar vor der einzelnen Tat nicht die ganz große Beuteerwartung haben, andererseits aber durchaus davon ausgehen (wie die Statistiken zeigen, nicht zu Unrecht), ihre Ansprüche befriedigen zu können („Tausend Mark bei jedem Einbruch sind genug!").

Es gibt neben diesen typischen Einbrüchen in die genannten Objekte aber auch andere Gruppierungen von Kosovo-Albanern, die nicht ganz so wählerisch sind.

Diese Einbrecher brechen u.a. auch in Mehrfamilienhauswohnungen ein, allerdings nicht auf die „normale" Art durch die Wohnungseingangstür, sondern durch die Fenster, Terrassentür oder Balkontür.

Unter dem Begriff „normale Art" verbirgt sich die häufigste Form des Einbruchs (nach der polizeilichen Kriminalstatistik). Täter begeben sich in Treppenhäuser, möglichst in die Endetage, weil hier mit dem geringsten Personenaufkommen innerhalb des Objektes zu rechnen ist, und hebeln oder treten die Wohnungseingangstüren auf, nachdem sie festgestellt haben, daß die betreffende Wohnung offensichtlich derzeit verlassen ist. Werden Personen angetroffen, entfernen sich die Täter mit einer Ausrede wieder vom Tatort („Ich suche Herrn ..., Wollen Sie die .....Zeitung kaufen, haben Sie eine kleine Spende für ...").

Kosovo-Albaner gehen dagegen diffiziler vor. Sie testen teilweise an, ob jemand in der Wohnung ist (Klingeln, Klopfen), verlassen sich in anderen Fällen aber auch darauf, daß aufgrund der äußeren Umstände (Dunkelheit: Es brennt kein Licht oder es läuft kein Fernseher) niemand in der Wohnung ist.

Nach dieser Feststellung hebeln die Täter mit mitgeführten Schraubendrehern verschiedener Größen die Fenster oder Türen auf oder benutzen einen Holzbohrer (siehe dazu die u.g. Ausführungen zur Eindringensweise in Einzelhäuser).

Die betroffenen Wohnungen liegen entweder im Erdgeschoß oder in den darübergelegenen Geschossen. Erreicht werden die höhergelegenen Wohnungen über Regenfallrohre oder über Balkone, manchmal werden auch vor den Objekten befindliche Hilfen wie z.B. Haustürüberdachungen ausgenutzt.

Kosovo-Albaner

Erwähnenswert an diesen Einbrüchen in Wohnungen ist noch, daß in allen festgestellten Fällen, die nach Sachlage von Kosovo-Albanern begangen worden sein dürften, regelmäßig die Riegel oder Türketten vor die Wohnungseingangstür gelegt bzw. geschoben wurden, um die Entdeckung durch zurückkehrende Bewohner oder Berechtigte zu verhindern oder zu verzögern.

Weitere Objekte für die kosovoalbanischen Einbrecher sind Baumärkte, Supermärkte und kleinere Postämter.

In der heutigen Zeit werden derartige Tatorte in der Presse ausschließlich rumänischen Einbrecherbanden zugeschrieben. Meiner Dienststelle liegen Erkenntnisse aus mehreren Teilen Deutschlands vor, daß auch Kosovo-Albaner sich an derartigen Objekten verdingen.

Die Zielrichtung dieser Einbrechergruppen ist – wie bei den rumänischen Einbrechern – die Entwendung von sog. Wertgelassen, also Tresoren aller Art.

Am beliebtesten bei diesen Tätern sind kleine dörfliche Postämter, die in Einzelhäusern untergebracht sind und in aller Regel über einen Tresor oder ein anderes Wertgelaß verfügen. Hinzu kommt, daß diese Häuser selten alarmgesichert sind, wenn sie es sind, dann auf eine einfache Art, die es den Tätern erlaubt, diese mit einfachen Mitteln außer Kraft zu setzen und die Tat planmäßig fortzusetzen.

Für diese Tatorte spricht außerdem, daß die Polizeidichte in den Bereichen, in denen sich diese Tatorte befinden, in aller Regel sehr gering ist.

Stehlgut sind ausschließlich Bargeld und größere Mengen an Briefmarken.

Ähnlich wie bei den rumänischen Einbrechern gehen einige Gruppen von Kosovo-Albanern auch Tankstellen an mit der Zielrichtung, Zigaretten und/oder Tresore zu entwenden.

Diese Begehungsart ist allerdings im Jahre 1996 nicht mehr bekanntgeworden, vermutlich auch, weil zum einen die Tankstellen wesentlich besser gesichert sind als noch vor einigen Jahren, zum anderen aber auch, weil an Tankstellen überwiegend bargeldlos bezahlt wird, somit die Beuteerwartung im Verhältnis zum einzugehenden Risiko minimal ist.

Hauptbetätigungsfeld für die kosovoalbanischen Einbrecher sind und bleiben aber die Einbrüche in Einzel-, Reihen- und Doppelhäuser.

Tatzeiten

Die Kosovo-Albaner sind eigentlich reine Dämmerungs- und Nachteinbrecher.

Kosovo-Albaner

Eigentlich deshalb, weil seit Anfang 1996 eine Gruppierung auch tagsüber „arbeiten" geht. Diese Täter sind allerdings als atypisch zu bezeichnen, da sie fast ausschließlich Wohnungen in Mehrfamilienhäusern als Tatobjekte auswählen.

Der absolut überwiegende Teil der kosovoalbanischen Einbrecher geht regelmäßig in den Abend- und Nachtstunden „arbeiten".

Dabei wird stets der Schutz der Dunkelheit gesucht, d.h. die Tatzeiten verlagern sich dementsprechend auch mit der Jahreszeit (in den Wintermonaten ab ca. 17.30 Uhr, im Sommer ab ca. 22.00 Uhr).

Bei der EG 941, meiner Dienststelle, wird zwischen Taten in Hamburg und außerhalb Hamburgs, also in den ländlichen Gebieten, unterschieden.

Für Hamburg gilt fast durchgängig, daß die Täter öffentliche Verkehrsmittel benutzen. In fast allen Fällen, bei denen Festnahmen getätigt werden konnten, hatten die Täter Fahrkarten bei sich (Kosovo-Albaner fahren nach hiesigen Erkenntnissen so gut wie nie schwarz), aus denen ersichtlich war, wann sie in ihr Zielgebiet aufgebrochen und vor allem auch, von wo sie losgefahren sind.

Die Hamburger öffentlichen Verkehrsmittel legen ab ca. 0.30 Uhr eine Pause bis in die frühen Morgenstunden (ca. 04.30 Uhr) ein; in der Übergangszeit verkehren dann nur Nachtbusse.

Für die Täter bedeutet das, daß sie in der Regel mit den letzten U- oder S-Bahnen wieder in ihr Wohn- und Aufenthaltsgebiet zurückkehren, dort also so gegen 01.00 Uhr eintreffen (Ausnahmen: Sie stehlen am Tatort ein Auto, s.u. „Stehlgut").

Diese Aussage bezieht sich überwiegend auf die beiden Jahre 1995 und 1996.

Vor dieser Zeit war eine Verlagerung der Tatzeiten in den Sommermonaten festzustellen; die Täter fuhren nämlich mit den letzten Bahnen in die Tatortgebiete und kehrten mit den ersten Bahnen wieder zurück. Diese Aussage gilt aber momentan nur bis zum Jahre 1994.

Wenn die Einbrecher vorhaben, ihre Taten außerhalb Hamburgs zu begehen, benutzen sie keine öffentlichen Verkehrsmittel, sondern Fahrzeuge, die ihnen aus verschiedenen Gründen zur Verfügung stehen oder gestellt werden (s.u. „Fahrzeuge").

In diesen Fällen fahren sie erst in den späten Abendstunden gegen 22.00 Uhr bis 23.00 Uhr aus Hamburg los, kehren auch entsprechend spät

Kosovo-Albaner

wieder zurück, nämlich in den frühen Morgenstunden zwischen 06.00 Uhr und 08.00 Uhr.

Diese Zeiten sind aus zwei Gründen taktisch günstig gewählt:

- Sie bewegen sich mit dem letzten Verkehrsstrom aus der Großstadt heraus, befinden sich auf den Straßen mit Theaterbesuchern und Gaststättenbesuchern, die auf dem Heimweg in ihre Wohnungen außerhalb von Hamburg sind;
- Sie kehren mit dem nach Hamburg einlaufenden Verkehrsstrom zurück, der viele Menschen an ihre Hamburger Arbeitsplätze bringt.

Der taktische Vorteil dieser Zeiten liegt also darin, daß sich die Täter möglichst unauffällig aus der Stadt bzw. in die Stadt bewegen können. Aufgrund der Verkehrsdichte in einer Großstadt wie Hamburg ist es für Polizeikräfte auf den Straßen fast unmöglich, einzelne Fahrzeuge bzw. deren Benutzer zu erkennen, die ihnen unter anderen Umständen vielleicht verdächtig vorkommen würden.

Für die Täter bedeutet dieser Verkehrsstrom also einen effektiven Schutz.

Aus dieser Tatsache heraus läßt sich auch begründen, warum in der Nacht vom Samstag auf den Sonntag statistisch gesehen die wenigsten Einbrüche begangen werden (kein Berufsverkehr am Sonntagmorgen).

Die Einbrüche weiter zu sondieren nach Tatzeiten und Wochentagen hat zu keinen brauchbaren Ergebnissen geführt, da die Täter offenbar keine regelmäßigen Tage für ihre Taten benutzen bzw. auch keine sog. „Schokoladenstunden" zur Tatbegehung haben.

Dieser im Verkehrsstrom selbst gesuchte Schutz endet natürlich immer dann, wenn sich die Einbrecher ihrem Bestimmungsgebiet nähern. Dort wollen sie auch keine anderen Verkehrsteilnehmer, sondern in völliger Ruhe „arbeiten".

An dieser Stelle muß angemerkt werden, daß in sämtlichen ländlichen Gebieten in Deutschland eine sehr geringe Poizeidichte vorhanden ist. Das ist natürlich ein gewaltiger Vorteil für die Täter. Sollten sie bei ihrer Tat entdeckt oder beobachtet werden, dauert es von der Alarmierung der Polizei bis zu deren Erscheinen u.U. länger als eine halbe Stunde, eine Zeitspanne, in der die Täter entweder in Ruhe weiter einbrechen oder sich absetzen können.

Eine Großstadt wie Hamburg hat dagegen den Vorteil, daß bei einem Einbruchsalarm innerhalb von wenigen Minuten mehrere Funkstreifenwagen und Zivilfahrzeuge vor Ort sein können.

Ich führe in diesem Kapitel immer wieder Hamburg als Beispiel an. Ich gehe persönlich davon aus, daß die Praktiken der kosovoalbanischen Einbrecher nicht nur auf Hamburg beschränkt sind, sondern meine Aussagen durchaus auch für andere Großstädte Geltung haben können. Meines Wissens existieren aber in anderen deutschen Großstädten keine ähnlich strukturierten Dienststellen wie die EG 941, so daß es für die jeweilige Polizei fast unmöglich ist, entsprechende Aussagen treffen zu können.

Nur bei einer intensiven, auf den Täter gerichteten Ermittlungstätigkeit (sog. täterorientiertes Arbeiten), kann es gelingen, tiefere Einblicke in die jeweilige Materie/Struktur zu erhalten.

Eigentlich steht nur fest, daß wir in fast allen deutschen Gemeinden und Städten Kosovo-Albaner haben, daß diese auch mehr oder weniger straffällig werden.

Die Bedeutung dieser Personen wird m. E. aber unterschätzt, die Aufmerksamkeit, die sie aus polizeilicher Sicht verdient hätten, bekommen sie nicht.

Verhalten vor der Tat

Kosovo-albanische Einbrecher gehen immer arbeitsteilig vor, es gibt kaum Fälle, wo diese Täter als Einzeltäter aufgetreten sind.

In der Regel sind sie ohnehin Befehlsempfänger, gehen für andere Personen, die in der Hierarchie über ihnen rangieren, auf Tour. Daß sie die Taten nicht völlig selbstlos ausführen, versteht sich von selbst; letztlich profitieren alle in irgendeiner Form von den Einbrüchen. Die Art der Beteiligung bzw. Aufgabe ist aber nicht gleichbedeutend mit dem Beuteanteil.

Die die Einbrüche ausführenden Personen sind in zwei Kategorien einzuteilen: Truppführer und Arbeiter oder Soldaten (Begriffe, die von den Kosovo-Albanern selbst stammen; siehe dazu Kapitel „Kosovo-Albaner in Deutschland und Hamburg").

Bei der Beschreibung des Verhaltens vor der Tat muß wieder unterschieden werden zwischen Hamburger, also Großstadttaten und Taten im ländlichen, flächenstaatlichen Bereich.

Die Tätergruppen setzen sich regelmäßig aus drei bis vier Mann starken Trupps zusammen.

Zu jedem Trupp gehören ein Truppführer und zwei bis drei Arbeiter/Soldaten.

Der Trupp trifft sich in Lokalitäten, die überwiegend oder fast ausschließlich von Kosovo-Albanern aufgesucht bzw. besucht werden. Die allermeisten dieser Lokalitäten befinden sich im Stadtteil St. Pauli (s. vorheriges Kapitel).

Nach bisher gewonnenen Erkenntnissen gehen die Trupps immer dann auf Tour, wenn sie Geld brauchen, d.h. nach einem Einbruch mit hoher Beute pausieren sie, bis das Geld verbraucht ist.

Es ist also durchaus nicht so, daß derselbe Trupp ständig unterwegs ist und Einbrüche begeht, sondern eben nur bei Bedarf.

Bezüglich *Hamburg* gibt es offenbar keine klaren Anweisungen an die Trupps, d.h. diese gehen in Gebiete, die ihnen entweder schon vorher bekannt waren (aus vorherigen Einbrüchen) oder die sie sich aus anderen Gründen ausgesucht haben. Bestimmte Objekte/Häuser haben sie normalerweise nicht im Visier.

Es gibt natürlich auch Tatorte, die von den Tätern gezielt angegangen werden, sog. Tips auf Objekte, an denen bestimmtes Stehlgut zu holen ist. Derartige Tatorte werden aber nicht von den „normalen" Trupps, sondern von bestimmten ausgewählten Einbrechern aufgesucht. Diese Tatorte sollen an dieser Stelle auch nicht beschrieben werden.

„Unser" Trupp trifft sich also in einem Lokal und der Truppführer beschließt, an diesem Abend einbrechen zu gehen. Da der Trupp meistens in derselben personellen Besetzung zusammenarbeitet, werden keine langen Vorreden gehalten, sondern man verabredet, sich an einem bestimmten Bahnhof oder irgendeinem markanten Punkt in der Hansestadt zu treffen. Der Zeitpunkt dieses Treffens liegt in der Dämmerung oder Dunkelheit.

In früheren Jahren trafen sich die Einbrechertrupps im Lokal und zogen dann gemeinsam zu den Straftaten los. Von dieser Art haben sich die Kosovo-Albaner gelöst, nachdem es der Polizei in mehreren Fällen gelungen war, sie bei diesen Treffen zu beobachten und die Observation bis zu den Tatorten fortzusetzen, wo es dann zu Festnahmen kam.

Seit dieser Zeit haben die Täter ihr Verhalten geändert, fahren heutzutage einzeln zu den Treffpunkten, in erster Linie, um der Polizei, die sie ja jederzeit beobachten könnte, die Arbeit zu erschweren.

Kosovo-Albaner

Nachdem sich unser Trupp nunmehr irgendwo in Hamburg getroffen hat, beginnt eine längere Wanderschaft.

Die Täter testen, und zwar in der Form, daß sie sich wiederholt trennen, sich wieder treffen usw. Einige Täter gehen auf Grundstücke, klopfen dort an Scheiben, urinieren, täuschen Einbruchshandlungen vor.

Alles hat nur den einen Sinn, eventuell sie observierende Polizeibeamte zu täuschen, sie aus ihrer Reserve zu locken.

Diese Art des Lockens kann u.U. mehrere Stunden dauern, bis sich die Täter endlich zur Begehung von Staftaten entschließen.

Wenn wirklich Observationskräfte der Polizei diesen Trupp beobachten, kann sich jeder Leser vorstellen, daß es einer enormen Ausdauer und eines starken Fingerspitzengefühls bedarf, den Zeitpunkt des polizeilichen Eingreifens zu bestimmen.

Viele polizeiliche Einheiten haben schon versucht, die kosovoalbanischen Einbrecher bei Begehung ihrer Taten zu ergreifen, den wenigsten ist dies jedoch gelungen. Aus meiner Praxis mit diesen Tätergruppen sind mir nur sehr wenige Fälle von Festnahmen auf „frischer Tat", wie es im Gesetz heißt, bekannt.

Ich will keineswegs Lobeshymnen auf die Kosovo-Albaner ausstoßen, aber diese Einbrecher gehören objektiv gesehen zu den besten Einbrechern, die mir und den meisten Kollegen, mit denen ich über dieses Thema gesprochen habe, jemals begegnet sind.

Ich bin nicht voller Bewunderung für die Fertigkeiten dieser Personen, schließlich sollten wir uns immer vor Augen halten, daß wir es mit Straftätern zu tun haben, die es sich zum Ziel gesetzt haben, ständig gegen unsere Rechtsnormen zu verstoßen.

Ich muß und mußte wiederholt anerkennen, daß diese Gruppe in ihrer Gesamtheit über eine Logistik (materiell und informell) verfügt, die uns als Polizei ständig zum Umdenken und Umschwenken auf andere und neue polizeiliche Mittel zwingt.

Diese Anforderungen machen sicherlich für den einen oder anderen Polizeibeamten einen zusätzlichen Reiz aus, sich ständig neu mit dieser Klientel auseinanderzusetzen.

Unser Trupp hat inzwischen seine „Tunnelrunden" (polizeilicher Ausdruck für ein Straftäterverhalten, das darauf zielt, mögliche Polizeiaktionen vorzeitig zu erkennen) beendet, man ist sich sicher, nicht von der Polizei verfolgt zu werden.

Kosovo-Albaner

Ist diese subjektive Sicherheit nicht vorhanden, wechseln die Täter entweder in ein anderes Stadtgebiet oder brechen für diesen Tag ihre Vorhaben ab.

Die Gegend, in der sich die Täter befinden, ist in über 90 % aller derartigen Fälle mit Einzel-, Reihen- und Doppelhäusern bebaut.

Der Truppführer gibt seinen Leuten nun die Anweisung, mit der Tat zu beginnen.

Außerhalb Hamburgs sind die Tatorte in den meisten Fällen vorher ausgeguckt worden, d.h. die Täter fahren gezielt in ein Gebiet, von dem ihnen bekannt ist, daß dort entsprechende Bebauungen, Fluchtwege usw. vorhanden sind.

Die Täter fahren mit Fahrzeugen dorthin (s. Abschnitt „Fahrzeuge" in diesem Kapitel), in jedem Fahrzeug regelmäßig ein Trupp in gleicher Stärke wie oben geschildert.

In vielen Fällen fahren mehrere Trupps gleichzeitig in die gleiche Gegend, vermutlich, um sich gegenseitig Schutz zu geben, wenn überraschend Polizei auftaucht.

Es ist nicht bekannt, ob die Täter, wenn sie an ihrem Zielgebiet angekommen sind, sich ebenso konspirativ verhalten wie in Hamburg.

Nach hiesigem Erkenntnisstand (und der ergibt sich zum Großteil aus Täteraussagen) fahren die Täter direkt in ihr Zielgebiet und beginnen so schnell wie möglich mit den Tatausführungen.

Dabei gehen sie in ländlichen Gebieten oftmals sehr systematisch vor, brechen z.B. in der ersten Nacht in die Häuser Nrn. 1–10 ein, kommen einige Tage später wieder und brechen in die Nrn. 11–20 usw.

Tatorte im ländlichen Gebiet beschränken sich nicht nur auf die unmittelbar an Hamburg angrenzenden Bundesländer Schleswig-Holstein und Niedersachsen. Der Radius der kosovoalbanischen Einbrecher ist um ein Vielfaches größer.

Es sind Einbruchsserien bekanntgeworden, innerhalb derer die Täter in einer Nacht weit mehr als 1.000 Kilometer zurückgelegt haben. Teilweise sind die Einbrecher in einer Nacht bis zu 14 Stunden unterwegs, legen unterwegs etliche Tatorte und kehren wieder nach Hamburg zurück.

In anderen Fällen suchen sich die Täter Hotels oder preiswerte Unterkünfte und operieren dann von dort aus, bis sie die erwünschte Beute beisammen haben.

In mehreren bekanntgewordenen Fällen sind die Hamburger Kosovo-Albaner sogar im benachbarten und auch weiter entfernten Ausland als

Einbrecher aktiv geworden, so z.B. in den Benelux-Staaten, in Italien und in Spanien.

Eines steht aber fest: Dreh- und Angelpunkt für die Gesamtszene ist und bleibt Hamburg!

Ausrüstung der Einbrecher

Kosovoalbanische Einbrecher sind in bezug auf die Dinge, die sie zu ihren Straftaten mitnehmen, stereotyp ausgerüstet.

Seit den Anfangszeiten, als die ersten Einbrecher aus dem Kosovo bei uns aktiv wurden und nach Festnahmen den Polizeibehörden überstellt wurden, fanden sich immer wieder gleiche Werkzeuge bzw. Bekleidungsgegenstände:

- Schraubendreher in verschiedenen Stärken
- kleine Taschenlampe, heute noch ca. 10 cm lang
- Handschuhe oder
- Wollsocken
- CS-Gas in handelsüblichen Sprühflaschen
- Handbohrer.

Schraubendreher stellen sicherlich bei Einbrechern keine Besonderheit dar, sind sie doch das älteste und verbreiteste Einbruchshilfsmittel/-werkzeug.

Taschenlampen sind ebenso nichts Besonderes. Betrachtet man sich jedoch die im Verlaufe der letzten sechs Jahre sichergestellten Lampen der Kosovo-Albaner, wird man feststellen, daß diese immer kleiner geworden sind. Grund dafür ist die Tatsache, daß kosovoalbanische Einbrecher bei der Ausführung ihrer Taten stets beide Hände freihaben müssen, da sie in der einen Hand die Gassprühflasche und in der anderen die Aufbruchwerkzeuge halten. Wohin also mit der Taschenlampe? Natürlich in den Mund, zwischen die Zähne.

Bedenkt man jetzt einmal, daß diese Einbrecher meistens über mehrere Stunden lang einbrechen, so kann man sich gut vorstellen, daß eine große und schwere Taschenlampe auf Dauer doch einen gewaltigen Zahndruckschmerz auslösen kann. Aus diesem Grunde sind die Täter heutzutage dazu übergegangen, sehr kleine Taschenlampen, die zudem noch sehr leicht gebaut sind, zu benutzen.

Diese Lampen bringen in bezug auf die Brenndauer allerdings neue Probleme mit sich; siehe dazu den Punkt „Stehlgut" in diesem Kapitel.

Kosovo-Albaner

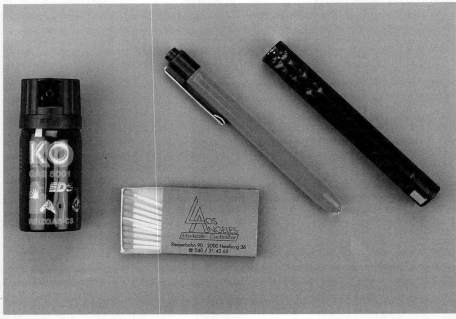

Kosovo-Albaner

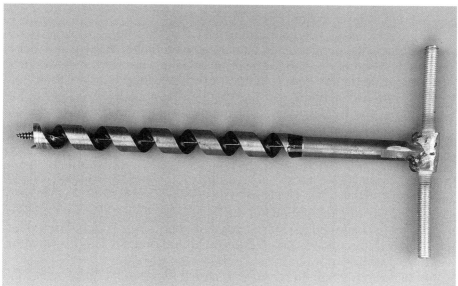

Typische Ausrüstung der Kosovo-Albaner: Schraubendreher, Handschuhe, Wollsocken, Gassprühgerät und Handbohrer.

Kosovo-Albaner

Handschuhe sollte jeder Einbrecher bei sich haben; das ist eigentlich jedem Leser von Kriminalromanen hinlänglich bekannt.

Ob die Kosovo-Albaner dieses Wissen auch aus Kriminalromanen haben, sei dahingestellt, jedenfalls haben die allermeisten von ihnen bei den Straftaten Handschuhe an.

Mit dem Auffinden von Wollsocken bei den Einbrechern haben allerdings die meisten Menschen und Polizeibeamten so ihre Probleme.

In Stellungnahmen habe ich gelesen, daß sich die Täter die Socken über die Schuhe ziehen, um zu verhindern, daß die Polizei später an den Tatorten Schuheindruckspuren sichern kann.

Dies wäre sicherlich eine Erklärung, die allerdings aufgrund meiner Erfahrungen nicht zutreffend ist.

Die Wollsocken haben zwei Funktionen:
- Zum einen werden sie von Einbrechern als Handschuhersatz über den Händen getragen, wenn diese Täter erst kurze Zeit in Deutschland sind und sich noch keine Handschuhe haben stehlen können (s. u. „Stehlgut").

- Zum anderen dienen die Wollsocken als Transportmittel für die Beute (z.B. für Schmuck). Sie lassen sich leicht in den Taschen verstauen, ebenso leicht aber bei polizeilichen Kontrollen auch unauffällig wegwerfen, um sie später wieder aufzuheben.

Es ist wiederholt vorgekommen, daß Polizeibeamte Fahrzeuge, in denen sich Kosovo-Albaner befanden, angehalten haben und dabei festgestellt haben, daß kurz vor dem Halten des Fahrzeuges diverse Gegenstände aus dem rollenden Auto geworfen wurden: Flaschen, Zigarettenschachteln, sonstiger Müll, aber auch Wollsocken. In Referaten und Aufsätzen weisen meine Kollegen und ich ständig auf diese Praktiken der Täter hin, was in Einzelfällen auch schon wiederholt zum Auffinden von wichtigem Beweismaterial geführt hat.

CS-Gas in kleinen Dosen ist ein handelsübliches Abwehrmittel gegen Menschen und Tiere, das in diversen Kaufhäusern und Geschäften verkauft wird.

Die Kosovo-Albaner geben auf die Frage, was sie mit diesem Gas wollen, als mehr oder weniger stereotype Antwort, daß „sie sich durch deutsche Nazis und radikale Türken bedroht fühlen und das Gas als Abwehrwaffe bei sich tragen".

Der Wahrheitsgehalt dieser Aussagen sei dahingestellt, Tatsache ist, daß die Täter das Gas in vielen Fällen erst vor Beginn einer Einbruchsaktion von den Truppführern übergeben bekommen.

Weitere Angaben hierzu siehe unter „Verhalten gegenüber Geschädigten und Polizei" in diesem Kapitel.

Handbohrer sind die Arbeitsweise, mit denen kosovoalbanische Einbrecher ständig in Verbindung gebracht werden.

Bohrtatorte, also Einbruchsorte, an denen die Täter Behältnisse und Türen mittels Bohrwerkzeugen, in erster elektrischen Bohrmaschinen, aufbrechen, sind für die Polizei nichts Neues.

Auch gab es schon immer Einbrecher, die Handbohrer als Hilfsmittel einsetzten, um in bestimmte Objekte zu gelangen.

Soweit also nichts Besonderes. Warum sind die Bohrtatorte heutzutage aber in sehr vielen Fällen gleichzusetzen mit Aktivitäten von Kosovo-Albanern?

Die erste mir bekannte Großserie von Bohrtatorten, die durch Kosovo-Albaner gelegt worden ist, spielte sich im Jahre 1992 in Hamburg ab. Mehrere Hundert Einzel-, Reihen- und Doppelhäuser, überwiegend in Hamburgs Osten, wurden aufgebohrt, Stehlgut in Hülle und Fülle entwendet.

Irgendwann im Herbst 1992 gelang es Polizeibeamten, einen Einbrecher festzunehmen, der bei der Festnahme entsprechendes Werkzeug bei sich hatte. Dieser Mann war gelernter Tischler und – Kosovo-Albaner.

Die Einbruchsserie war unmittelbar mit seiner Festnahme beendet, so daß die Polizei mit Recht davon ausgehen konnte, den „Bohrer", der über Monate Bevölkerung und Polizei in Atem gehalten hatte, endlich gefaßt zu haben.

Doch von Seiten der Einbrecher wurde weitere Tatorte aufgebohrt, jetzt mit deutlicher Verlagerung in die benachbarten Flächenstaaten Niedersachsen und Schleswig-Holstein.

Bei gelegentlichen Festnahmen wurde immer deutlicher, daß scheinbar nur noch Kosovo-Albaner diese Form des Aufbrechens nutzten; andere Täter spielten bei dieser Art des Einbruchs so gut wie überhaupt keine Rolle mehr.

Die Ausnahme bilden rumänische Einbrecherbanden, die unter anderem auch das Bohren nutzen, um in die von ihnen ausgesuchten Tatobjekte zu gelangen (ca. seit 1995).

Der typische Bohrer ist ein sog. Holzspiralbohrer, Länge ca. 10 bis 15 cm, mit einer gedrehten Zentrierspitze. Die Stärke dieser Bohrer liegt zwischen 8 und 20 mm. An das hintere Ende lassen sich die Einbrecher ein Griffstück anschweißen, so daß das ganze Gerät die Form eines „T" erhält.

Kosovo-Albaner

Aus eigener Erfahrung kann ich sagen, daß nach wenigen Versuchen auch handwerklich ungeschickte Personen den Umgang mit diesem Werkzeug beherrschen.

Zur Benutzung/Anwendung der Bohrwerkzeuge siehe „Arbeitsweise" in diesem Kapitel.

Es wurde und wird wiederholt geschrieben, daß die Kosovo-Albaner auch elektronische Bohrmaschinen benutzen, ich habe sogar von schallgedämpften Bohrmaschinen gelesen.

Nach den Erkenntnissen, die bei meiner Dienststelle vorliegen, sind die kosovoalbanischen Einbrecher reine *Handwerker*, benutzen also ein Werkzeug, das sie mit reiner Körperkraft betätigen.

Meines Wissens sind bei Kosovo-Albanern noch keine derartigen Maschinen gefunden worden. Entsprechende Berichterstattungen sollten also mit Skepsis gelesen werden.

Arbeitsweise

Bevor ich auf die Beschreibung der Vorgehensweise eingehe, möchte ich zur Rollenverteilung des Einbrechertrupps noch eines vorausschicken: Der von mir schon mehrfach erwähnte Truppführer nimmt an der eigentlich Arbeit, dem Aufbrechen und Durchsuchen des Objektes, nicht direkt teil. Seine Aufgabe besteht vielmehr darin, aufzupassen und seine Leute zu warnen, wenn Gefahr naht. Weitere Aufgaben und Funktionen werden unter dem Punkt „Verhalten im Tatobjekt" beschrieben.

Die Täter „arbeiten" auf zweierlei Art:

- Hebeln oder
- Bohren.

Wenn die Geschädigten allerdings nachts die Fenster in Kippstellung lassen, nutzen die Täter natürlich diesen einfachsten Weg.

Gehebelt wird mittels Schraubendreher oder einem ähnlichen Werkzeug wie Kuhfuß, Brecheisen o.ä.

Ich verzichte darauf, den Vorgang im einzelnen zu beschreiben, da eigentlich jedem Leser bekannt sein dürfte, wie man eine Tür oder ein Fenster „aufbricht".

Bei den Kosovo-Albanern ist diese Form des Eindringens in Objekte die unbeliebtere, da sie doch regelmäßig mit Lärm verbunden ist, und gerade das versuchen sie zu vermeiden.

Deshalb ziehen sie es vor, ihr Bohrwerkzeug zu benutzen, sofern die baulichen Gegebenheiten des Hauses pp. dies zulassen.

Kosovo-Albaner

Der Handbohrer funktioniert nur, wenn das anzugreifende Fenster oder die Tür aus Holz sind. Bei den heutzutage üblicherweise immer häufiger verwendeten Kunststoffelementen befindet sich in der Mitte ein Metallkern, der mit dem Bohrer nicht zu überwinden ist.

Die Bohrer selbst haben natürlich den Vorteil, daß sie im Vergleich mit dem Hebelwerkzeug so gut wie geräuschlos arbeiten, also den Einbrechern einen erhöhten Schutz vor Entdeckung bieten.

Hat der Einbrecher erst einmal ein Loch in die Tür/das Fenster gebohrt, ist es in aller Regel für ihn kein Problem mehr, das entsprechende Element auch zu öffnen. Dafür wird eine Drahtschlinge oder ein fester Draht wie z.B. der Bügel eines sog. Baueimers verwendet, mit dessen Hilfe der Griff/die Olive bis zum völligen Öffnen bewegt werden kann.

Kosovo-Albaner-Tatort mit der sogenannten „Fensterbohrermethode" (siehe Pfeil).

Sehr häufig bleiben die Taten von kosovoalbanischen Einbrechern im Versuchsstadium stecken. In diesen Fällen wird durch die aufnehmenden Polizeibeamten regelmäßig festgestellt, daß die Täter zwar ein Loch gebohrt haben (oder einen Schraubendreher mehrfach angesetzt haben), dann aber vom Objekt abgelassen haben.

Was kann dafür die Motivation gewesen sein?

Kosovo-Albaner

Es kann z.B.sein, daß das Fenster eine verschließbare und in Funktion befindliche Olive hat, so daß es sich nicht öffnen ließ. Es kann ferner sein, daß die Täter durch einen Bewegungsmelder plötzlich im Licht standen und nicht mehr die Dunkelheit ausnutzen konnten. Vielleicht ist jemand in der Wohnung/im Haus wach geworden und hat oder hätte die Täter bemerkt. Vielleicht hat ein Hund im Objekt angeschlagen. Oder...oder...oder...

Wie jeder Einbrecher, sind die Kosovo-Albaner bei Begehung der Taten sehr sensibel, reagieren auf das kleinste Geräusch.

Bei diesen Tätern kommt noch eines hinzu: Für sie ist es nicht unbedingt wichtig, in ein bestimmtes Objekt einzudringen. Sie wissen ohnehin nicht, was sie wo an Beute zu erwarten haben.

Wenn – wie beschrieben – die Olive verschlossen ist, gehen diese Täter davon aus, daß alle übrigen Einstiegsmöglichkeiten auch entsprechend gesichert sind. Es bleibt in diesen Fällen fast immer bei dem einen Bohrloch; die Täter befinden sich schließlich in eine Gebiet, in dem viele andere Objekte herumstehen, in die sie auch noch eindringen können und die vielleicht nicht so gesichert sind.

Das bedeutet, der Hausbesitzer, der diese wenn auch einfachste Form der Sicherung besitzt, schickt den Einbrecher im wahrsten Sinne des Wortes zu seinem Nachbarn.

Und damit bin ich auch schon bei einer Kernaussage bezüglich der kosovoalbanischen Einbrecher: *Die Täter legen regelmäßig Serien in Gebieten mit ganz bestimmter Bebauung, innerhalb dieser Serien liegen aber diverse Tatorte, die im Versuchsstadium steckengeblieben sind!*

Andere Formen des Eindringens als das beschriebene Hebeln und Bohren spielen insgesamt eigentlich keine Rolle.

Einzelne Tätergruppen bohren z.B. nicht Fenster/Terrassentüren an, sondern setzen ihr Loch in die Hauseingangstür neben den Schließzylinder und können dadurch den Schnäpper der Tür mittels Draht oder anderer Werkzeuge betätigen.

Es gibt auch vereinzelt Gruppen von Einbrechern aus dem Kosovo, die die Profilzylinderschlösser von Hauseingangstüren mit Zangen oder Spezialwerkzeugen wie z.B. Zieh-Fix abdrehen und dann durch Betätigen des Schnäppers in die Objekte eindringen.

Andere Täter arbeiten mit Glasschneidern oder schlagen ganz einfach die Scheiben ein; diese Begehungsarten sind aber für die Kosovo-Albaner absolut untypisch.

Nach meiner Meinung beträgt der Anteil der Hebel- und Bohrtatorte in bezug auf die Gesamtzahl der von Kosovo-Albanern begangenen Einbrüche mindestens 95 %.

Vor der eigentlichen Tatausführung, also dem Öffnen des Objektes, kümmern sich die Kosovo-Albaner so gut wie nicht darum, ob sich jemand im Haus befindet. Allein die Tatsache, daß zu dem Zeitpunkt, an dem sich die Täter am ausgesuchten Objekt befinden, im Haus kein Licht brennt oder kein Fernseher läuft, läßt sie darauf schließen, daß entweder niemand im Haus ist oder die Bewohner schon schlafen gegangen sind.
Beide Alternativen sind für diese Einbrecher Motivation genug, in dieses Objekt einzusteigen.

Im Gegensatz zu anderen Einbrechern testen diese Einbrecher auch nicht, ob wirklich Personen im Hause sind. Sie klingeln nicht, klopfen nicht, telefonieren auch nicht – sie verlassen sich darauf, daß sie ein derzeit unbewohntes Objekt vor sich haben.

Verhalten im Tatortobjekt

Wenn die Täter das Haus/die Wohnung geöffnet haben, sind sie zunächst bestrebt, sich zusätzlich zum Einstieg noch einen zweiten Fluchtweg zu schaffen. So werden andere Fenster oder die Kellertür für die eventuelle Flucht vorbereitet, teilweise wird auch vor die Eingangstür die Kette oder der Riegel vorgelegt.

Nach meinem Wissen steigen alle Täter, die an der Tat beteiligt sind, gemeinsam in das Objekt ein (bis auf den Truppführer, der, wie oben geschildert, den „Schmieresteher" macht).

Der Ablauf in den Einzel-, Reihen- und Doppelhäusern ist nach Angaben, die Personen aus dem Kosovo (nach eigenem Bekunden „ehemalige Einbrecher"!) mir gegenüber gemacht haben, stets folgender:

Zuerst wird die Garderobe/der Eingangsbereich durchsucht. Üblicherweise hängen dort die täglichen Bekleidungsstücke wie Mäntel, Jacken usw., aber auch Handtaschen, Handgelenktaschen pp.

In den meisten Fällen finden die Einbrecher hier schon einen Teil der erwarteten Beute (Papiere, Schecks pp., Näheres siehe unter dem folgenden Punkt „Stehlgut'").

Der zweite Weg führt die Täter in die Küche, in der – wie schon seit Generationen üblich – die Haushaltskasse in Form von Bargeld aufbewahrt

Kosovo-Albaner

wird. Dosen, Tassen, Gläser – alles wird durchsucht, meistens für die Einbrecher ein Volltreffer.

An dieser Stelle möchte ich den Leser/die Leserin auffordern, sich doch einmal Gedanken zu machen, wo sich denn die eigene Haushaltskasse befindet bzw. ob diese unbedingt in der Küche sein muß?!

Regelmäßig haben mir nach meinen Referaten einige Teilnehmer berichtet, daß sie nun endlich wüßten, wo sie im Falle eines Falles Geld finden würden!

Bedenken Sie bitte, daß die Einbrecher diesen Umstand zu schätzen wissen! Machen Sie es den Einbrechern doch etwas schwerer (und Ihren Partnern auch)!

Nach der Küche durchsuchen die Täter das Wohnzimmer, allerdings ohne viel Schaden anzurichten.

Andere Tätergruppen machen bewußt Mobiliar kaputt, koten und urinieren auf den Teppich.

Derlei Dinge sind bei den Kosovo-Albanern völlig unüblich.

Sie durchsuchen zwar alle Behältnisse, stehlen eigentlich nur Dinge, die sie auch in die Taschen stecken können.

Einbruchstatorte, an denen Fernseher und Stereoanlagen gestohlen worden sind, können fast immer sofort als mögliche Kosovo-Albaner-Tatorte ausgeschlossen werden.

Nach dem Wohnbereich werden von den Tätern auch noch die Schlafzimmer aufgesucht. Schränke und andere Behältnisse werden systematisch durchsucht, fündig werden die Täter oft in der so beliebten Bettwäsche. Hier wird von vielen späteren Geschädigten alles das versteckt, was einem lieb und teuer ist – und das wissen natürlich auch die Einbrecher!

Übrigens: Kosovo-Albaner durchsuchen auch die Schlafzimmer, wenn dort Personen schlafen!

Nicht vergessen werden sollte auch das Badezimmer, wo die Einbrecher sehr häufig den täglichen Schmuck finden, Schmuck, der im Bett nur drückt und zwickt und vor dem Schlafengehen noch schnell abgelegt wird, wie sich zeigt, an einem nicht sehr überlegten Platz!

Nachdem die Täter alle Räumlichkeiten durchsucht haben, verlassen sie das Objekt.

An dieser Stelle kommt eine weitere Funktion des Truppführers zum Tragen: Einer der Arbeiter/Soldaten übergibt ihm die gesamte Beute, begibt sich anschließend zu den übrigen Einbrechern und der nächste Einbruch folgt.

Durch die Tatsache, daß die gesamte Beute/Sore beim Truppführer abgeliefert wird, ergibt sich für die Polizei im Falle einer Festnahme auf frischer Tat eine weitere Schwierigkeit: Bei den ausführenden Tätern wird höchstens Stehlgut aus dem letzten Einbruch, nicht aber aus den vorausgegangenen gefunden.

Da die Täter bei der Tatausführung äußerst akribisch vorgehen, keinerlei Spuren hinterlassen, muß die Polizei im Falle der Festnahme jetzt den Tätern auch die Taten beweisen, die zwar augenscheinlich diesen Einbrechern zuzuschreiben sind, von diesen aber erfahrungsgemäß abgestritten werden.

Leider ziehen die Justizdienststellen nicht immer die gleichen Schlußfolgerungen wie die sachbearbeitenden Polizeidienststellen, so daß häufig nur sehr wenige Straftaten aus einer Serie angeklagt und abgeurteilt werden.

Wie vorher schon öfter erwähnt: Diese Täter aus dem Kosovo stellen für jede Polizei aufgrund ihrer Vorgehensweise, ihres Verhaltens und ihrer Arbeitsteilung ein großes Problem dar.

Verhalten nach der Tat

Zu einem nicht näher zu beschreibenden Zeitpunkt, der allein im Ermessen des Truppführers liegt, beenden die Arbeiter/Soldaten ihre Einbruchsserie und übergeben die Sore aus der letzten Tat.

Bei der Wahl des Abbruchzeitpunktes spielen die Kriterien Beutemenge und beginnendes Tageslicht sicherlich die größten Rollen.

Die Einbrecher setzen sich in Richtung Bahnhof (Hamburg) oder Auto (Umland) in Bewegung.

Der Truppführer bewegt sich in die gleiche Richtung, allerdings abgesetzt von seinen Arbeitern. Er testet auf dem Weg zum Bahnhof bzw. Auto, ob eventuell Polizei in der Nähe ist, die sich für die Einbrecher interessiert. Sollte das der Fall sein, so ist er in der Regel derjenige, der als erster wegkommt, da das Hauptaugenmerk der Polizei sich zuerst auf den Trupp von Einbrechern richten wird.

In den Fällen, in denen es zur Konfrontation zwischen Polizei und Einbrechern kommt, heißt es für die Beamten, schnell und konsequent auf die Täter zuzugehen.

125

Kosovo-Albaner

Kosovo-Albaner sind äußerst wendige und schnelle Läufer, diese Erfahrung mußten schon viele Polizeibeamte machen. Nach meinem Wissen ist es noch keinem Beamten gelungen, auf kürzere Distanz einen Kosovo-Albaner beim Verfolgen zu erwischen. Die Täter sind ganz einfach schnell, bisher leider zu schnell für die sie verfolgenden Polizeibeamten.

Aus diesem Grunde ist es für die Polizeibeamten äußerst wichtig, sich diesen Fakt vor Augen zu führen und daraus eine Taktik zu entwickeln, die zum gewünschten Erfolg führt.

Ganz erfolglos ist die Polizei beim Verfolgen von kosovoalbanischen Einbrechern jedoch nicht. Ich möchte hier keineswegs irgendwelche Frustrationen aufkommen lassen.

Wenn die Möglichkeit besteht, mehrere Streifenwagen an einem gemeldeten Tatort heranzuführen, gelingt meistens die Festnahme, ohne daß den Tätern große Möglichkeiten zur Flucht eingeräumt werden.

Sehr bewährt hat sich der Einsatz von Diensthunden bei der Verfolgung von Flüchtigen, die offenbar einen außerordentlichen Respekt vor diesen haben.

Ebenso bewährt haben sich sog. Fahndungen nach Flüchtigen aus der Luft, also mit Hilfe von Hubschraubern; in mehreren derartigen Fällen sind schon Festnahmen gelungen. Um dieses Hilfsmittel sinnvoll einzusetzen, bedarf es allerdings auch eines ausreichenden Tageslichtes.

Wenn in den Augen des Truppführers die Luft rein ist, er also keine Observanten oder andere verdächtige Personen bemerkt hat, gesellt er sich spätestens am Bahnhof oder am Auto zu seinen Leuten.

Die Sore aus dem letzten Einbruch wird ihm hier übergeben, wenn dies nicht schon vorher geschehen ist.

Noch auf dem Weg nach Hamburg zurück (in Bahn oder Auto) berechnet der Truppführer den Wert der erbeuteten Sachen und errechnet danach, wie viele, in seinen Augen erfolgreiche, Einbrüche seine Leute gemacht haben.

Aufgrund dieser Berechnung zahlt er dann die Einbrecher direkt aus, indem jeder Täter für jeden erfolgreichen Einbruch eine Summe von DM 50,00 erhält (Stand 1995, neuere Angaben liegen derzeit nicht vor).

Aufgrund der Größe einzelner Serien kommen an einem Abend pro Mann durchaus Summen von DM 500,00 und mehr zusammen, manchmal allerdings auch weniger.

Nach den Angaben, die ich erhalten habe, geben die Einbrecher alle erbeuteten Sachen beim Truppführer ab. Andererseits hat der Truppführer kaum die Möglichkeit zur Kontrolle, es sei denn, er durchsucht seine Leute nach den Taten. Es ist also durchaus denkbar, daß der einzelne Einbrecher auch die eine oder andere Mark oder das eine oder andere Schmuckstück für sich behält.

Die Arbeiter/Soldaten geben ihr Geld in der Regel unmittelbar nachdem sie es erhalten haben, für Essen, Frauen oder beim Spielen aus.

Der Truppführer begibt sich nach der Trennung von seinen Männern in bestimmte Lokalitäten, in denen sich regelmäßig Hehler aufhalten.

Es ist allerdings selten, daß er seine Sore in die Lokale trägt. Mit den Hehlern wird besprochen, wo und wann die Sore übergeben werden kann.

Der Truppführer hat seine eigenen Verstecke, in denen er die Beute bis zum Verkauf an den Hehler lagert. Dies können Schließfächer, Erdbunker oder auch Plätze in seiner Wohnung sein, ist also individuell verschieden.

Für die Polizei bedeutet dies eine weitere Schwierigkeit: Es kommt dann und wann vor, daß aufgrund von Zeugenbeschreibungen, Schuheindruckspuren und dergl. sich Täterhinweise auf bestimmte Personen ergeben, die als aktiver Einbrecher/Soldat unterwegs waren.

Auch wenn es gelänge, dieser Person ein Geständnis zu entlocken, könnte sie die Polizei nie an den Ort führen, an dem die Sore versteckt ist.

Verhalten gegenüber Geschädigten

Die Frage, was das Einbruchsopfer vom Täter zu erwarten hat, wenn es ihm plötzlich gegenübersteht, stellen sich wohl sämtliche Personen, die befürchten, vielleicht irgendwann einmal Opfer eines Einbruchs zu werden.

Ich möchte vor Beantwortung dieser Frage noch einmal darauf hinweisen, daß ich in diesem Buch nur über Kosovo-Albaner berichte, die zur Hamburger Kosovo-Albaner-Szene zählen. Dieses Buch basiert nur auf den Erfahrungen, die meine Kollegen und ich mit diesem Klientel gemacht haben.

Wiederholt habe ich darauf hingewiesen, daß die kosovoalbanischen Einbrecher zur Elite der Einbrecher zählen. Das bezieht sich nicht nur auf die Art, Einbrüche auszuführen und auf ihr Verhalten nach der Tat, auch wenn sie festgenommen werden sollten, sondern auch in bezug auf die Rechtskenntnisse, die sie besitzen bzw. die sie vorteilhaft anwenden.

Kosovo-Albaner

Erinnern Sie sich an die Aussage, daß Kosovo-Albaner zu Einbrüchen keine Schußwaffen mitnehmen, weil dies im Falle einer Festnahme und Verurteilung leicht zu einer um einige Jahre höheren Freiheitsstrafe führen würde.

Ähnlich verhält es sich mit dem Verhalten gegenüber Geschädigten. Diese Einbrecher sind zum einen oftmals gar nicht in der Lage, sich aufgrund ihrer geringen Körperkräfte und Stärke physisch gegen einige Opfer zu wehren.

Auf der anderen Seite tun sie alles, auch wenn sie es körperlich nicht nötig haben (z.B. bei älteren oder gebrechlichen Geschädigten), um den direkten Kontakt zu vermeiden.

Sie wissen, daß ein solcher Einbruch durch körperliche Auseinandersetzungen mit dem Geschädigten strafrechtlich gesehen sehr leicht zu einem Raub werden kann, was – ähnlich wie in dem Fall mit den Schußwaffen – zu einer erheblich höheren Verurteilung führen wird.

Bemerkt ein kosovoalbanischer Einbrecher, daß der Geschädigte sich nähert oder aufwacht, ergreift er unweigerlich die Flucht. Für den Geschädigten reicht es aus, sich durch Rufen oder Geräusche bemerkbar zu machen, um den Täter erfolgreich zu vertreiben.

Wohlgemerkt, dies gilt nur für die Einbrecher der Hamburger Szene, und auch nur für die mir bekanntgewordenen Straftäter! Prognosen möchte ich keine stellen, da das Hamburger Täterklientel sich ständig vergrößert und niemand sagen kann, ob unter den Neuen nicht auch Personen sind, denen die körperliche Unversehrtheit der Opfer egal ist!

Nun gibt es aber auch leider immer wieder Fälle, in denen sich ein Zusammentreffen von Einbrecher und Geschädigtem nicht vermeiden läßt, sei es durch Zufall, weil der Geschädigte gerade nichtsahnend nach Hause kommt, sei es, weil der Geschädigte einen in meinen Augen übertriebenen Mut an den Tag legt und den Täter allein stellen will.

Gerade diese Fälle sind es, die die Presse gern aufgreift, fließen doch in vielen dieser Fälle Blut, zumindest aber Tränen.

Mein Ratschlag an die Opfer kann nur lauten: Schließen Sie sich ein, wenn Sie einen Einbrecher in Ihren vier Wänden bemerken, machen Sie sich bemerkbar, um ihn zu vertreiben! Kaum ein Einbrecher wird sich die Zeit nehmen, sich auf einen unnötigen Zweikampf mit Ihnen einzulassen! Wenn es Ihnen möglich ist, rufen Sie unverzüglich die Polizei oder Nachbarn zu Hilfe! Spielen Sie auf keinen Fall den Helden!

Wie ich weiter oben ausgeführt habe, verfügen die kosovoalbanischen Einbrecher über Werkzeuge und eine Gassprühdose.

Werden sie vom Geschädigten in die Enge getrieben oder direkt angesprochen, setzen sie diese Dinge auch ein:

Die Werkzeuge zum Drohen, das Gas zum Besprühen des Opfers, um es am Verfolgen oder Festhalten zu hindern. Und gerade der Einsatz des Gases ist eine sehr wirksame Waffe, deren Wirkung sich ein Opfer ruhig ersparen sollte.

Meiner Dienststelle sind wiederholt Hinweise zugegangen, wonach eventuell Kosovo-Albaner anläßlich von Einbrüchen ihre weiblichen Opfer befingert oder sogar vergewaltigt haben sollen.

Keiner dieser Fälle führte zu einer Anklage gegen diese Einbrecher, was andererseits keineswegs heißen soll, daß derartige Straftaten von diesem Klientel nicht begangen werden. Uns ist jedenfalls ein solcher Fall aus unserer Praxis nicht bekanntgeworden.

Es gibt sicherlich kosovoalbanische Gruppierungen, die auch derartige Straftaten ausführen, mit Vergewaltigungen die Opfer zur Herausgabe von Schmuck pp. zwingen. Bekanntestes Beispiel dafür ist die sog. Kölner Hahnwald-Bande, die pressemäßig durch Begehung solcher Straftaten zu einem zweifelhaften Ruf kam.

Ich spreche in diesem Buch aber von einem Täterklientel, das seinen Wohn- und Aufenthaltsort in Hamburg hat und nach unserer Kenntnis sich bisher glücklicherweise auf Einbrüche beschränkt.

Ich möchte in diesem Zusammenhang darauf hinweisen, daß ich keineswegs beabsichtige, um Sympathie für „unsere" Täter zu werben, weil sie eben „nur Einbrecher sind". Die Tatsache, daß die Täter ihre Tat ausführen, ohne bei den Opfern körperliche Schäden anzurichten, macht die Arbeit der Sachbearbeiter aber um ein Vielfaches leichter.

Verhalten gegenüber der Polizei

Das Verhalten der festgenommenen Täter ist für den Polizeibeamten, der mit diesem Klientel keine Erfahrung hat, doch zumeist recht frustrierend.

Grundsätzlich machen die Täter keine Angaben (was aufgrund unserer Gesetze ja auch ihr gutes Recht ist); wenn sie einmal bereit sind, sich zur Sache zu äußern, dann regelmäßig nur dahingehend, daß sie

- eine Freundin, deren Namen sie nicht kennen, suchen;

- austreten mußten;
- sich verfahren (verlaufen) haben.

Ganz selten geben Täter aus dem Kosovo ihre Tat zu, und dann auch nur die Anlaßtat, also den Einbruch, bei dem sie auf frischer Tat festgenommen worden sind.

Mir sind bisher keine kosovoalbanischen Einbrecher bekanntgeworden, die sich in irgendeiner Form zu größeren Straftatenkomplexen geäußert haben.

Es herrscht untereinander ein Kodex, wonach Aussagen über andere Personen, also Zeugenaussagen, verboten sind. Im Falle des Verstoßes gegen diesen Kodex gibt es die einzige Strafe, die diese Menschen untereinander anwenden, die Todesstrafe.

Lediglich Täter und Opfer, sofern sie beide Kosovo-Albaner sind, dürfen gegeneinander Aussagen machen, auch wenn diese noch so belastend sind, allerdings nur auf diesen einen Fall bezogen.

Wenn die Täter bei oder unmittelbar nach Begehung eines Einbruches mit der Polizei konfrontiert werden, so gilt für sie das gleiche wie für alle anderen Straftäter auch: Sie versuchen zu fliehen.

Zu Fuß sind sie sehr schnell, schneller als die Polizei (s.o., aber auch hier gilt: Ausnahmen bestätigen die Regel!). Deshalb ist es für die Polizei ungemein wichtig, aufeinander eingespielt zu sein und sich vor einem solchen Zugriff entsprechend abzusprechen.

Sind die Täter motorisiert, ist eine Festnahme um ein Vielfaches schwieriger. Hinter dem Steuer wird aus dem sonst doch eigentlich recht friedlichen Menschen aus dem Kosovo ein Brutalo, der ohne Rücksicht auf eigene Verluste mit allen Mitteln versucht zu entkommen. Er fährt gnadenlos auf Polizeibeamte zu, die sich ihm in den Weg stellen und Haltesignale geben. In vielen Fällen gelang es den Beamten nur durch einen Sprung zur Seite, ihr eigenes Leben zu retten.

Wenn Streifenwagen als Straßensperre eingesetzt werden (z.B. im Rahmen einer Verfolgung), ist es in mehreren Fällen vorgekommen, daß die Täter gegen diese Wagen gefahren sind und sich dadurch eine Lücke geschaffen haben.

Bei Festnahmen haben die Täter verschiedene Male Gebrauch von ihrem Gas gemacht.

Es ist auch ein Fall bekannt, bei dem sich Kosovo-Albaner der Festnahme durch die Polizei widersetzten, indem zwei Täter mit Schraubendrehern auf einen Polizisten einstachen und diesen lebensgefährlich verletzten. Diesem Polizeibeamten gelang es, schwer verletzt am Boden liegend, mit seiner Dienstwaffe im Dunkeln hinter den Tätern herzuschießen. Am nächsten Morgen wurde in einiger Entfernung ein toter Kosovo-Albaner gefunden. Der zweite Täter konnte nicht ermittelt werden.

Stehlgut

Kosovo-Albaner stehlen, wie auch schon im bisherigen Text erwähnt wurde, mit Vorliebe Dinge, die sich zum einen leicht in den Taschen der eigenen Kleidung (oder in den Socken) verstauen lassen, die zum anderen auch schnell zu Geld gemacht werden können.

Bargeld ist natürlich das beliebteste Beutestück, und zwar bei jedem Einbrecher.

Schmuck stehlen die Kosovo-Albaner gern, weil er über spezielle Absatzwege leicht in Bargeld umzumünzen ist und normalerweise einen auch nicht unerheblichen Wert darstellt.

Schecks, und zwar am liebsten Euroschecks, sind heutzutage ein derart beliebtes Zahlungsmittel, das sich in fast jedem Haushalt befindet. Das machen sich natürlich auch die Einbrecher zunutze, indem sie genau dort suchen, wo die Schecks aufbewahrt werden: an der Garderobe, im Wohnzimmerschrank und im Schreibtisch.

Typisches Kosovo-Albaner-Stehlgut: Schmuck, Uhren, EC- und Kreditkarten.

Kosovo-Albaner

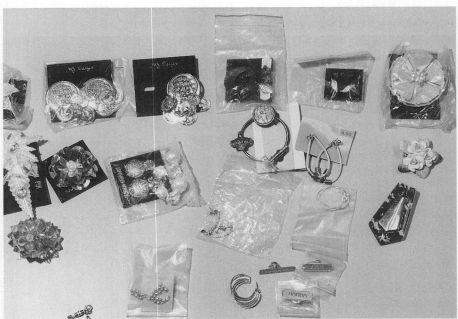

Zu den Schecks gehören naturgemäß die sog. EC-Karten; beide sollen eigentlich immer getrennt voneinander aufbewahrt werden (Empfehlung der Banken und der Gesellschaft für Zahlungssysteme "GZS"). Leider wird diese Empfehlung von den Verbrauchern kaum angenommen, so daß die Einbrecher, die gezielt nach diesen Zahlungsmittlen suchen, meistens leichtes Spiel haben.

Außerdem befinden sich zumeist neben den EC-Karten und -Schecks noch andere Plastikzahlungsmittel, nämlich die Kreditkarten. Sie sind minestens genauso beliebt wie die Schecks und in fast genau so vielen Haushalten zu finden und – zu stehlen; und zwar an den gleichen Orten, wo auch die anderen unbaren Zahlungsmittel zu finden sind.

Damit ist eigentlich schon all das genannt, was die kosovoalbanischen Einbrecher im jeweilgen Objekt erwarten und regelmäßig auch finden.

Das sind auch genau die Sachen, die von den Truppführern erwartet, die von Hehlern eingesammelt und verkauft werden.

Gelegentlich werden von den Tätern aber auch andere Sachen gestohlen, die auf den ersten Blick untypisch scheinen mögen, bei Gesamtbetrachtung der Szene aber einleuchtend werden:

Herrenoberbekleidung von der Unterhose bis zum teuren Ledersakko, Kameras von der Polaroid bis zur Videokamera.

Diese Dinge werden nicht zu Geld gemacht, sondern für den Eigengebrauch gestohlen.

Sie fallen aus dem Rahmen, weil sie eben nicht mal schnell in die Taschen gesteckt werden können. Oftmals verstecken die Täter die Sachen in der Nähe des jeweilgen Tatortes und nehmen sie vor dem Rückweg wieder an sich.

Die Bekleidung wird von den Tätern oder ihren Freunden selbst getragen, allerdings immer nach dem Heraustrennen von Etiketten und sonstigen Inschriften, die auf die ehemaligen Eigentümer hinweisen können.

Kosovo-Albaner sind sehr eitel, fotografieren sich bei jeder passenden Gelegenheit und haben meistens auch einen größere Anzahl Fotos bei sich. Findet man z.B. bei Wohnungsdurchsuchungen Kameras, so besteht seitens der Polizei erst einmal der Verdacht, daß diese aus strafbaren Handlungen stammen können, weil in diesen Kameras nämlich fast immer die Individualnummern herausgetrennt oder auf andere Weise unleserlich gemacht worden sind; eine ähnliche Handlung seitens der Täter also wie bei der Bekleidung.

In beiden Fällen, sowohl in bezug auf die Bekleidung wie auch in bezug auf die Kameras, ist der Kriminalist gefordert. Er muß jetzt seinen Anfangsverdacht, nämlich daß die Sachen aus Einbrüchen stammen, verifizieren.

Gelingt dies, so ist ein wichtiges Indiz für die Täterschaft desjenigen gefunden, bei dem sie Sachen gefunden worden (Indiz in Richtung Einbruch oder Hehlerei).

In Ausnahmefällen stehlen die kosovoalbanischen Einbrecher auch schon einmal ein Stereoanlage, einen Fernseher oder einen Videorecorder.

Dieses Stehlgut ist für diese Täter aber wirklich völlig untypisch. Wenn es einmal vorkommt, dann sicherlich auf Bestellung und/oder für den Eigengebrauch.

Sehr gern entwenden einige Täter an den Tatorten auch Schlüssel und dazugehörige Fahrzeuge, die vor dem Objekt abgestellt sind und das Gefallen der Einbrecher gefunden haben. Zu diesem Punkt habe ich mich näher unter dem Unterabschnitt „Fahrzeuge" in diesem Kapitel geäußert.

Absatz des Stehlgutes

Wie allgemein bekannt, wird Einbrecherbeute/Sore über Hehler abgesetzt.

Hehler sind Personen, die gestohlene Waren gegen Bargeld oder gegen andere Waren aufkaufen und diese anschließend für einen höheren Preis weiterverkaufen.

Die allermeisten Einbrecher haben ihren festen Hehler, genauso wie die Kosovo-Albaner.

Bestimmte Personen innerhalb der Szene üben die Hehlerfunktion aus, ihre Zahl liegt im einstelligen Bereich.

Unterschieden werden muß zwischen stationären Hehlern, Personen also, die Geschäfte betreiben und hier die gestohlene Ware ankaufen und sofort – sofern entsprechende Geräte vorhanden sind – die Sachen, überwiegend Schmuck, bis zur Unkenntlichkeit bzw. Nichtidentifizierbarkeit, umarbeiten, und sog. mobilen Hehlern oder Zwischenhehlern, die in Lokalen, in Wohnungen oder auf der Straße die Ware entgegennehmen. Diese Letztgenannten sammeln in erster Linie den Schmuck von verschiedenen Einbrechergruppen und bringen ihn anschließend zu den stationären Hehlern, wo sie ihn natürlich mit Gewinn verkaufen.

Der größte Teil der Einbrecher muß seine Beute über die Zwischenhehler verkaufen, weil der stationäre Hehler ihm in aller Regel den Schmuck nicht direkt abnimmt.

Eine Sonderstellung beim Diebstahl von Schmuck nehmen Armbanduhren ein: Die Hehler kaufen grundsätzlich keine derartigen Uhren auf, d.h. die Einbrecher bleiben auf diesen sitzen. Um sie dennoch zu Geld zu machen, bieten die Einbrecher bei Geldmangel diese Uhren St. Pauli-Touristen an, manchmal allerdings auch Zivilpolizisten.

Ein Teil des erbeuteten Schmucks nimmt einen gänzlich anderen Weg: Er wird gut verpackt mittels speziellen Kurieren auf dem Landweg in den Kosovo gebracht, landet dort bei Juwelieren, die in DM bezahlen und den Schmuck an zahlungskräftige Kunden in der Heimat verkaufen.

Bei den Kurieren handelt es sich um Personen aus dem Kosovo, die zwar Deutschland als ihre Wahlheimat erkoren haben, dennoch öfter in die Heimat fahren und ihre Familien besuchen. Diese Besuche sind oftmals sehr kostenintensiv, da diese Personen sehr gründlich von den serbischen Sicherheitskräften kontrolliert werden und nach eigenen Angaben sog. Wegezölle entrichten müssen.

Schecks werden von bestimmten Hehlern aufgekauft, ein Euroscheck mit Karte bringt bis zu 150,00 DM, ein Scheck ohne Karte immerhin noch bis zu 80,00 DM.

Diese Schecks werden anschließend in Deutschland oder im benachbarten Ausland ohne größere Probleme eingelöst, die Einlöser erhalten den geringsten Teil des auf diese Weise ergaunerten Geldes. Hauptprofiteure sind die Hehler, die oftmals etliche Personen an der Hand haben, die für sie die „Arbeit" machen.

Die Einlöser sind überwiegend deutsche Staatsangehörige, da die Namen der Geschädigten auf den EC-Karten aufgedruckt sind und es für Geldinstitute im In- und Ausland auffällig ist, wenn diese Schecks nun von einem Nichtdeutschen eingelöst werden.

Schecks, die ohne EC-Karte entwendet worden sind, werden an zentraler Stelle gesammelt und meist per Kurier zu Fälscherwerkstätten im In- und Ausland verbracht. Hier werden dann in einem speziellen Verfahren EC-Karten „passend gemacht" und zusammen mit den Schecks gegen Gebühr den Absendern wieder überbracht, bevor sie in den oben geschilderten Kreislauf kommen.

Scheckkuriere sind deutsche, kosovoalbanische und Volksangehörige anderer Nationen.

Zu den Besonderheiten, an denen Einbruchstatorte von Kosovo-Albanern sehr schnell als solche zu erkennen sind, gehört der Diebstahl von Batterien aus Fernbedienungen aller Art (Fernseher, Videorecorder, Stereoanlage).

Wie oben beschrieben, sind die Einbrecher mit Minitaschenlampen ausgerüstet. In diesen Lampen befindet sich oftmals nur eine Batterie der Sorte „Mikro" mit einer relativ kurzen Brenndauer (20 bis 50 Minuten nach Angaben von Einbrechern).

Bei einer durchschnittlichen „Arbeitszeit" von 5–8 Stunden ist der Verbrauch an Batterien natürlich hoch, so daß die Täter, anstatt Reservebatterien vor der Tat zu kaufen, sich an den Tatorten bedienen.

Sollten Sie einmal Opfer eines Einbruchs werden und feststellen, daß bei Ihnen Batterien aus einer Fernbedienung gestohlen wurden, so können Sie ziemlich sicher sein, daß Ihre „Besucher" Kosovo-Albaner waren.

Sie können der Polizei einen wertvollen Dienst erweisen, wenn Sie sich die Marke Ihrer Batterien aufschreiben, diese selbst, wenn möglich, in einer individuellen Form markieren.

Es kommt sehr häufig vor, daß Einbrecher oder Verdächtige von der Polizei überprüft werden. Gerade Kosovo-Albaner aus der einschlägig bekannten Szene haben oft Batterien in den Taschen, die in diesen Fällen mit Ihrer Hilfe identifiziert werden könnten. Schon wäre ein Anfangsverdacht gegen diese Person gegeben, der zuständige Sachbearbeiter hätte ein Indiz, dem er nun intensiv nachgehen kann.

Fahrzeuge

Kosovo-Albaner benutzen und besitzen Fahrzeuge; dies allein ist nichts Ungewöhnliches und nichts Auffälliges.

Die Fahrzeuge dieser Personen sind aber regelmäßig nicht auf diese Personen selbst zugelassen, sondern bei Nachfragen, z.B. anläßlich von Verkehrskontrollen, stößt die Polizei zumeist auf die Auskunft, daß das betreffende Fahrzeug auf einen deutschen Halter zugelassen ist.

Auch dieser Umstand an sich ist noch nicht ungewöhnlich. Wenn der Halter dann aber auf Nachfrage angibt, das Fahrzeug vor Tagen, Wochen, Monaten verkauft zu haben und davon ausgegangen ist, daß der Erwerber das Gefährt auch auf seinen Namen ummelden würde (was ja schließlich auch im Kaufvertrag vereinbart worden ist!), dann gibt dieses Ermittlungsergebnis doch Anlaß, näher nachzufragen.

Kosovo-Albaner

An diesem Punkt sind wir bei einer Vorgehensweise angekommen, die für Hamburger Kosovo-Albaner-Szene typisch ist.

Keiner, auch nicht die EG 941, kann sagen, wieviele Fahrzeuge die Kosovo-Albaner in Hamburg in ihrem Besitz haben. Es ist davon auszugehen, daß auch die Szene selbst nicht weiß, wie groß ihr eigener Fahrzeug-Pool ist.

Im Jahre 1994 lag die Zahl der Fahrzeuge, die der EG 941 bekanntgeworden waren, bei über 80; die wirkliche Zahl wird sich aber kaum ermitteln lassen, kaufen diese Personen doch wöchentlich neue Fahrzeuge, stoßen gleichzeitig unbrauchbare ab usw.

Was sind das für Fahrzeuge, die das Interesse der Kosovo-Albaner erregen? Wie kommen sie an diese Fahrzeuge? Was kann ein Verkäufer tun, um sicher zu sein, daß sein Fahrzeug nicht in dem Fahrzeug-Pool der Kosovo-Albaner landet?

Diese Fragen möchte ich in diesem Abschnitt beantworten, verbunden mit der Hoffnung, bei Ihnen ein Verhalten zu erzeugen, beim Autoverkauf doch nicht nur auf das Geld zu schauen, sondern allein schon aus Eigennutz etwas weitsichtiger zu werden.

Grundsätzlich gilt die Aussage, daß die Kosovo-Albaner sich für alle Autotypen interessieren, Hauptsache, diese Fahrzeuge sind billig zu erwerben. Es gibt sicherlich auch Personen aus dem Kosovo, die finanziell besser gestellt sind als die Masse und sich teure Autos (bis hin zum Ferrari) leisten können; diese Personen möchte ich bei den folgenden Ausführungen aber außenvorlassen.

Der von uns festgestellte Preis für einen Pkw, den die Kosovo-Albaner bereit und in der Lage sind zu zahlen, liegt regelmäßig in der Größenordnung bis zu DM 500,00.

Sie besorgen sich die Fahrzeuge nicht selbst, sondern haben für die Beschaffung Landsleute oder auch Personen aus anderen ethnischen Gruppierungen, die sich auf den Autokauf spezialisiert haben.

Diese Käufer gehen auf Hamburger, Hannoveraner oder Kieler Automärkte, die an den Wochenenden stattfinden, und erwerben dort für wenig Geld, überwiegend 200 bis 400 DM, alte Fahrzeuge, die noch fahrbereit sind.

Die Verkäufer sind erfreut, für ihre „alte Gurke" noch ein paar Mark zu erhalten. In ihrer Freude übersehen sie aber, daß sie die Kennzeichen am Fahrzeug lassen, daß der Käufer zusammen mit seinen Helfern sich mit diesem Fahrzeug völlig frei im Straßenverkehr bewegen kann.

Blindlings vertrauen die Verkäufer darauf, daß der Käufer ihnen ja schließlich (auch schriftlich) zugesichert hat, das Fahrzeug unverzüglich auf seinen oder einen anderen Namen umzumelden.

Was kann dem Verkäufer passieren?

Einiges, möchte ich antworten. Zum einen fährt das Fahrzeug ja weiter auf seinen Namen und seine Versicherung, im Falle eines durch die neuen Benutzer verursachten Unfalles eine teure Angelegenheit.

Zum anderen scheren sich die neuen Benutzer nicht um straßenverkehrsrechtliche Vorschriften, Parkverbote interessieren sie ebensowenig wie Geschwindigkeitsbeschränkungen. Schließlich sind sie es nicht, die die Bußgeldbescheide erhalten, die die Bußgelder zu zahlen haben, sondern – der Verkäufer.

Ich kann Ihnen versichern, daß einigen Verkäufern von solch alten Autos schon im wahrsten Sinne des Wortes die Augen getränt haben, als sie die Flut von Bußgeldbescheiden zu bewältigen und zu bezahlen hatten. Die Endsumme überstieg oft den Verkaufserlös, so daß eine vorher vielleicht angedachte Verschrottung des Fahrzeuges wesentlich billiger gekommen wäre.

Das Verhalten der Kosovo-Albaner und der Autokäufer ist genauso durchdacht wie andere, vorher geschilderte Verhaltensweisen.

Der Käufer sichert dem Verkäufer in jedem Fall zu, das Fahrzeug unverzüglich umzumelden, benutzt dabei auch offizielle Kaufverträge. Befragt ihn die Polizei hinterher, warum er dies denn nicht getan hat, so antwortet er, daß er dieses Fahrzeug unmittelbar nach dem günstigen Kauf für einen etwas höheren Preis weiterverkauft hat, nicht ohne den neuen Erwerber darauf hinzuweisen, daß diesem nunmehr die Ummeldepflicht obliegt.

Damit ist der Käufer rechtlich gesehen außen vor, ihm können keine weiteren Vorwürfe mehr gemacht werden.

Der neue Käufer, der zumeist namentlich nicht zu ermitteln ist, da er, wenn zwischen dem ersten Käufer und ihm überhaupt ein Kaufvertrag zustande gekommen ist, diesen mit irgendwelchen Personalien unterschrieben hat, denkt überhaupt nicht daran, das Fahrzeug auf seinen Namen umzumelden. Warum soll er Steuern und Versicherung und auch Bußgelder bezahlen, wenn dies (nach seiner Rechtsauffassung) überhaupt nicht nötig ist?

Er erwirbt ein billiges Auto und erfreut sich daran, verstößt gegen geltende Rechtsvorschriften, ohne daß er dafür normalerweise belangt werden kann.

Im Gegenteil: Das Fahrzeug bleibt regelmäßig nicht in einer Hand, sondern wird innerhalb der Szene von Hand zu Hand weitergegeben, so daß im Falle einer polizeilichen Überprüfung sich ein rechtmäßiger Halter und Benutzer nicht feststellen läßt. „Mein Freund Ali...hat mir das Auto für eine Spazierfahrt gegeben..." ist eine der Standardaussagen, die bei derartigen Kontrollen gegeben wird. Da der Benutzer Führerschein und Kraftfahrzeugschein vorweisen kann, sind der Polizei im Normalfall die Hände gebunden.

Diese so erworbenen Fahrzeuge werden für Fahrten aller Art benutzt, für Einkaufsfahrten wie für Fahrten zu Einbruchstatorten.

Geht so ein Fahrzeug einmal kaputt, so bleibt es einfach dort, wo der Defekt aufgetreten ist, stehen. Der Benutzer kümmert sich nicht mehr darum, es wird aufgegeben.

Irgendwann fällt das Fahrzeug meistens den Anliegern auf, die Polizei wird verständigt, das Fahrzeug wird überprüft, der noch eingetragene Halter verständigt, das Fahrzeug kann verschrottet werden.

Der ehemalige Benutzer hat sich längst ein neues altes Fahrzeug zugelegt, der Kreislauf beginnt von neuem.

Wie kann sich ein Autoverkäufer denn eigentlich gegen diese Machenschaften schützen?

Eigentlich ist die Frage ganz einfach zu beantworten. Er braucht beim Verkauf nur die Kennzeichen abzuschrauben und den Kraftfahrzeugschein mitzunehmen, um sein Fahrzeug beim zuständigen Verkehrsamt abzumelden.

Die oben beschriebenen Käufer werden sich darauf nicht einlassen, das Fahrzeug unter diesen Umständen nicht erwerben.

Dieses sollte für den Verkäufer schon ein Warnsignal sein, denn er sollte sich fragen, „warum wollen diese Menschen unbedingt mein Auto haben, aber nur mit Kennzeichen?"

Verzichten, sollten Sie ihr Auto verkaufen wollen, Sie auf einen derartigen Kauf, warten Sie auf andere Käufer oder, im äußersten Fall, wenn sie keinen Käufer finden, verschrotten Sie Ihr Fahrzeug!

Sollten Sie doch einmal den Fehler gemacht haben und Ihr Fahrzeug auf die oben geschilderte Weise verkauft haben, wenden Sie sich unverzüglich an Ihr Verkehrsamt und an Ihre Versicherung! Teilen Sie den Verkauf und die Umstände mit! Das Fahrzeug wird in diesen Fällen von den Behörden zur Zwangsentstempelung ausgeschrieben, da es nicht mehr versichert ist (die Steuer haben Sie im voraus bezahlt; das Fahrzeug gilt bis zur nächsten Steuerfälligkeit als versteuert).

Kosovo-Albaner

Unter Umständen ersparen Sie sich mit dieser Verhaltensweise zumindest den Ärger mit den Bußgeldbescheiden, der unweigerlich auf Sie zukommt.

Bewahren Sie, und das gilt für jeden Autoverkauf, den Kaufvertrag auf. Lassen Sie sich den Ausweis/Paß des Käufers aushändigen, schreiben Sie die Personalien genau ab! Sie erleichtern im Falle eines Falles der Polizei die Arbeit, können wesentliche Hinweise geben.

Seien Sie nicht nur auf den angesprochenen Automärkten mißtrauisch. Die Täter kaufen nämlich nicht nur dort, sondern auch aus Annoncenzeitungen. Sie suchen sich auch dort die billigen Angebote heraus (teilweise sind die Fahrzeuge dort sogar kostenlos angeboten, aber noch zugelassen und fahrbereit) und erwerben auf die gleiche Art wie auf den Märkten.

Bestehen Sie immer darauf, daß die Abmeldung Ihres Fahrzeuges von Ihnen selbst oder in Ihrer Gegenwart durchgeführt wird!

Sagt der Käufer Ihnen die unverzügliche Ummeldung zu, so übergeben Sie ihm das Auto nicht gleich, sondern fahren Sie gemeinsam mit ihm zum zuständigen Verkehrsamt! Ein seriöser und an Ihrem Fahrzeug wirklich Interessierter wird sich Ihren Argumenten beugen!

Diese angesprochenen Fahrzeuge stellen nur einen Teil, wenn auch den weitaus größten, der Fahrzeuge dar, die von den Angehörigen der Hamburger Kosovo-Albaner-Szene benutzt werden.

Unter dem Unterabschnitt „Stehlgut" in diesem Kapitel habe ich bereits angedeutet, daß die kosovoalbanischen Einbrecher auch öfter Fahrzeuge mitnehmen, nachdem sie im Objekt die passenden Schlüssel gefunden haben.

Nach unseren Erfahrungen haben die allermeisten Kosovo-Albaner aus der Hamburger Szene nicht den nötigen Sachverstand, um ein Fahrzeug ohne Schlüssel zu stehlen. Vereinzelte Fälle dieser Art kommen zwar vor, sind aber nicht unbedingt auf das Gros der Szene übertragbar.

Diese (mit Schlüsseln entwendeten) Fahrzeuge gehören zu einer ganz anderen Kategorie als die oben geschilderten. Zumeist stehlen die Täter hochwertige, auf jeden Fall aber schnelle Fahrzeuge. Wie alle jungen Leute, haben auch die Kosovo-Albaner viel Spaß am Fahren mit schnellen Autos.

Das ist aber sicherlich nur eine Begründung für den Diebstahl.

Aus meiner dienstlichen Erfahrung kann ich sagen, daß die Täter jährlich einige Hundert Fahrzeuge auf diese Weise stehlen.

Kosovo-Albaner

Im Gegensatz zu anderen ehtnischen Gruppierungen, die sich darauf spezialisiert haben, überwiegend hochwertige Fahrzeuge ins Ausland zu verschieben, tauchen die von den Kosovo-Albanern entwendeten Fahrzeuge nach einiger Zeit wieder auf, meistens sogar unbeschädigt.

Der Zeitpunkt des Auffindens läßt sich generell nicht festlegen, da er von mehreren Faktoren abhängig ist.

Einige Täter benutzen diese Fahrzeuge zu Einbruchsstraftaten, lassen sie zu diesem Zweck an bestimmten Orten stehen, wo sie sie nur abholen, wenn sie wieder auf Einbruchstour gehen. Solche Fahrzeuge können schon einige Monate benutzt werden, in aller Regel werden sie aber nach einigen Wochen aufgegeben und von der Polizei sichergestellt.

Andere Fahrzeuge benutzen die Täter nur zum Abtransport der Beute, d.h. sie fahren mit diesen nach Hause und stellen sie dann irgendwo ab.

Zu einem späteren Zeitpunkt wird die Polizei dann durch Anwohner verständigt und stellt das Fahrzeug sicher bzw. übergibt es den Eigentümern.

In vielen Fällen werden die Fahrzeuge unmittelbar nach der Tat von den Tätern wieder aufgegeben, die Sicherstellung findet unter Umständen erst Wochen später statt.

Wir alle sollten uns einmal darüber Gedanken machen, wie aufmerksam wir eigentlich unsere unmittelbare Umgebung kennen und beobachten. Die Polizei, die mit Funkstreifenwagen unsere Straßen gelegentlich durchfährt, ist sicherlich überfordert, wenn sie alle gestohlenen Fahrzeuge anhand der Kennzeichen sofort beim Vorbeifahren identifizieren soll.

Es liegt vielmehr an uns allen, an den Bewohnern der Straßen, aufmerksam das Geschehen um uns herum zu beobachten. Uns fällt ein fremdes Fahrzeug viel eher auf als der Polizei. Wir sollten eine derartige Feststellung sofort an die Polizei weitergeben. Dies stellt keine Belästigung dar! Unsere Polizei wird dankbar sein, wenn sie in ihrem Revierbereich derart aufmerksame Bürger hat! (Und wenn Sie einmal eine schlechte Erfahrung mit einem vielleicht unfreundlichen Polizeibeamten gemacht haben, denken Sie daran, daß auch Sie nicht immer gleich gut gelaunt sind, jeder hat mal seinen schlechten Tag, das ist nun einmal menschlich!).

Die von den Tätern mit diesen Fahrzeugen zurückgelegte Kilometerleistung ist unterschiedlich. Es wurden schon Fahrzeuge wieder aufgefunden, mit denen über 30000 Kilometer zurückgelegt worden sind.

Bedenkt man, welche Wege die Einbrecher teilweise in einer Nacht fahren, eine gar nicht so außergewöhnliche Leistung.

Bei meiner Dienststelle werden regelmäßig die Meldungen über anläßlich von Einbruchsdiebstählen entwendete Fahrzeuge registriert und ausgewertet, überwiegend nur für den Bereich der vier Nordländer. Selten sind weniger als 25 Fahrzeuge auf diesen Listen, und zwar durchgängig, 25 Fahrzeuge zuviel, wie ich meine, denn wir alle können dafür sorgen, daß es den Tätern zumindest schwerer gemacht wird!

Für potentielle Opfer folgender Tip: Bewahren Sie die Schlüssel für Ihr vor der Tür abgestelltes Fahrzeug nicht an der Garderobe auf, nehmen Sie sie mit ins Schlafzimmer oder suchen Sie dafür einen ungewöhnlichen Aufbewahrungsort!

Am Ende dieses Abschnittes noch ein weiterer Hinweis:

In mehreren Fällen haben die Einbrecher nicht das Auto, sondern nur die Original- oder Ersatzschlüssel mitgenommen. Wie sich dokumentieren läßt, durchaus kein Zufall.

Die Täter hatten sich zu diesem Zeitpunkt schon ein anderes Fahrzeug „besorgt", beugten durch den Schlüsseldiebstahl aber vor. Eine oder mehrere Nächte später kamen sie wieder und nahmen nur das Auto mit!

Für uns als Bürger bedeutet das, daß wir auf jeden Fall die Polizei über diesen vielleicht unbedeutend erscheinenden Schlüsseldiebstahl informieren müssen; gemeinsam gelingt es uns eventuell, die Täter bei der Rückkehr zum Tatort zu ergreifen.

Unabhängig von dieser Information an die Polizei sollte auf jeden Fall das Schloß des Fahrzeuges ausgewechselt werden! Zu leicht sollten wir es den Tätern auch nicht machen! Und die Polizei hat nicht immer die personellen Möglichkeiten, nächtelang auf der Lauer zu liegen!

Ausweise

Kosovo-Albaner verfügen neben den Ausweisdokumenten, die ihnen von den deutschen Ausländerbehörden ausgehändigt werden, in vielen Fällen noch über gefälschte Papiere aus verschiedenen Ländern, die sie aus unterschiedlichen Gründen einsetzen.

Bei diesen Papieren handelt es sich um italienische Identitätskarten, tschechische, polnische und slowakische Pässe, bosnische und kroatische Ausweise.

Die Papiere sind zumeist als Blankodokumente gestohlen und anschließend von geübten Fälschern mit den notwendigen Eintragungen versehen worden.

Kosovo-Albaner

Die Täter sind oft im Besitz von gefälschten Pässen, Kfz.-Briefen, Kfz-Scheinen oder anderen amtlichen Formularen, die als Blanko-Dokumente erbeutet wurden und dann von geübten Fälschern mit den notwendigen Eintragungen versehen werden.

Vielfältige länderübergreifende Ermittlungen haben ergeben, daß die Pässe insbesondere im Ausland eingesetzt werden.

In Hamburg selbst gehen die Kosovo-Albaner überwiegend davon aus (zu Recht), daß sie bei der Polizei und insbesondere bei der EG 941 bekannt sind, daß sich ver- oder gefälschte Ausweispapiere nicht lohnen.

Anwälte

Die Hamburger Kosovo-Albaner-Szene hat sich in den letzten Jahren einen festen Stamm von Rechtsanwälten zugelegt, die mit diesen Klienten eine ganze Menge Arbeit haben.

Vom Asylverfahren bis hin zu größeren Gerichtsprozessen begleiten diese Anwälte ihre Probanden.

Wir als Polizei haben mit diesen Anwälten eigentlich immer erst dann zu tun, wenn eine Strafsache vor Gericht angeklagt wird.

Im eigentlichen Ermittlungsverfahren, das ausschließlich bei Polizei und Staatsanwaltschaft geführt wird, sind die Berührungspunkte zwischen Anwälten und Polizei eher gering bis auf die stereotype Aussage der Anwälte, daß ihre Mandanten vor der Polizei grundsätzlich keine Angaben machen sollen. Ob dieser Rat an die Täter immer klug ist, sei hier dahingestellt.

Die Taktik der Anwälte heutzutage ist, die Polizei, die regelmäßig vor Gericht als Zeuge auftritt, unglaubwürdig zu machen. Es zählt nicht mehr die reine Verteidigung des Angeklagten, sondern es wird die Polizei an den Pranger gestellt. Der Grund hierfür ist klar: Ist die Polizei erst einmal unglaubwürdig geworden, sind ihre Maßnahmen und Ermittlungen es auch, also kann man getrost auf Freispruch bzw. milde Verurteilung warten.

Zum Glück gelingt dies den Anwälten recht selten, so daß doch letztlich das Gericht eine faire Entscheidung fällen kann.

Hinzukommt, daß die Anwälte nicht sehr einfallsreich und ihre Taktiken längst bei Gericht und Polizei bekannt sind, so daß sich der Polizeibeamte vor einem Gerichtstermin entsprechend auf eine bestimmte Fragestellung einstellen kann.

Setzt man die Gesamtheit der in Hamburg agierenden Kosovo-Albaner-Szene (ca. 1800 bis 2000 Personen) in Relation zu den betrauten Anwälten, so kommen auf jeden Anwalt bis zu 150 Mandanten.

Zum Teil werden die Anwaltkosten durch die Staatskosten getragen, zum anderen Teil unterstützt die Szene einzelne Mitglieder, die das Geld selbst nicht aufbringen können (s. auch „Kosovo-Albaner in Deutschland und Hamburg").

Staatsanwaltschaft, Gerichte

Der EG 941 zur Seite stehen einige Staatsanwälte, mit denen sie in (fast) allen Verfahren eng zusammenarbeitet.

Der Vorteil dieser Arbeitsweise liegt auf der Hand: Beide Seiten, Polizei und Staatsanwaltschaft, kennen das Klientel gleichermaßen. Lange Erklärungen z.B. bei der Beantragung von Durchsuchungsbeschlüssen, Haftbefehlen usw. sind nicht nötig.

Diese Identifizierung mit der Sache ist in anderen polizeilichen Bereichen nicht gegeben; hier sind sog. Buchstabendezernenten bei der Staatsanwaltschaft zuständig, d.h. bei jeder Festnahme richtet sich die Zuständigkeit der Staatsanwaltschaft nach dem Familiennamen des Beschuldigten.

Dies ist allerdings bei den Gerichten nicht der Fall. In fast allen Verfahren sind unterschiedliche Richter mit der Führung der Hauptverhandlung befaßt. Daraus kann aber nicht geschlossen werden, daß dies für die Arbeit der Polizei von Nachteil ist.

Gerichte sind unabhängig und entscheiden nach freier richterlicher Beweiswürdigung.

Betrachtet man die Gesamtheit der in den letzten drei Jahren ergangenen gerichtlichen Urteile, so ist festzustellen, daß das durchschnittliche Strafmaß für einen Einbruch doch eine deutliche Steigerung nach oben erfahren hat, letztlich eine Anerkennung der polizeilichen Arbeit und Würdigung der Aufklärungsarbeit bzgl. dieses Täterklientels.

Während 1993 die durchschnittliche Strafe für einen Einbruch bei ca. 8 Monaten Freiheitsstrafe lag, sind im Jahre 1996 15–18 Monate die Regel geworden, in größeren Verfahren wurden Strafen bis zu 4,5 Jahren ausgesprochen.

Großen Anteil an dieser Tendenz hat auch die in den vergangenen Jahren durchgeführte Strafrechtsreform, die bestimmte Delikte in den Verbrechenstatbestand erhoben hat (mit einer Mindeststrafandrohung von einem Jahr Freiheitsstrafe), darunter den für kosovoalbanische Einbrecher regelmäßig geltenden Bandendiebstahl und die gewerbsmäßige Hehlerei.

Weitere Straftaten von Kosovo-Albanern

Wie ich im Kapitel „Kosovo-Albaner in Deutschland....." bereits angesprochen habe, sind diese Täter nicht auschließlich als Einbrecher tätig.

Heutzutage gehören auch Bereiche wie Zuhälterei und Verstöße gegen das Betäubungsmittelgesetz zum Gesamtbild dieser Szene.

Zahlenmäßig fallen noch andere, vielleicht als nicht so verletzend eingeschätzte Straftaten erheblich ins Gewicht.

Zum einen ist da der Taschendiebstahl, eine Tat, die, wenn sie professionell ausgeführt wird (und diese Kunst beherrschen viele dieser Täter), vom Opfer nicht bemerkt wird und auch nicht dieselbe psychische Wirkung ausübt wie der Einbruch.

Viele der bekannten Straftäter sind sowohl als Einbrecher wie auch als Taschendieb aktiv, wobei nicht gesagt werden kann, auf welchem Gebiet sie mehr „Erfolge" haben.

Eine weitere bei diesen Personen sehr beliebte Tat ist der Scheckbetrug. Durch Taschendiebstahl oder Einbruch erbeutete Schecks und Scheckkarten werden überwiegend durch deutsche „Helfer" eingelöst, entweder in Geldinstituten oder Geschäften. Und für die Szene in Hamburg ist dies ein Riesengeschäft:

Nach einer statistischen Veröffentlichung der Gesellschaft für Zahlungssysteme (GZS) wurden im Jahre 1994 in Hamburg über 23 % aller

Kosovo-Albaner

im Bereich der Bundesrepublik Deutschland betrügerisch eingelösten Schecks umgesetzt, ein Schaden von annähernd sieben Millionen Mark.

Zum Vergleich: Diese Summe entspricht fast exakt der Summe, die in den Flächenstaaten Nordrhein-Westfalen und Bayern zusammen umgesetzt wurde.

Es wird geschätzt, daß am Umsatz der Schecks die Hamburger Kosovo-Albaner-Szene zu ca. 70 % beteiligt ist.

Derzeit nimmt die Scheckkriminalität immer mehr ab, nicht zuletzt bedingt durch Initiativen der GZS, die sich ultimativ an die Geschäftsleute wandte und in den meisten Fällen erreichte, daß heutzutage kaum noch ein Geschäftsmann bei einem Einkauf von 20,00 DM sich einen Scheck über DM 400,00 geben läßt und den Restbetrag in bar auszahlt. Diese Masche der Betrüger war bis vor wenigen Jahren eine ihrer Haupteinnahmequellen.

Der Trend zum betrügerischen Einsatz von Kreditkarten aller Art ist dagegen steigend, zumal diese in allen denkbaren Variationen auf dem Markt erscheinen.

Insbesondere die bei uns so beliebte EC-Karte hat in der letzten Zeit auf dem Betrugssektor Steigerungen bis zu 50 % erfahren.

Es bleibt abzuwarten (und gleichzeitig zu hoffen), wie sich die kartenherstellende Industrie diesem Phänomen gegenüber verhält. Sie könnte auf jeden Fall ihren Teil dazu beitragen, diese Form der Kriminalität einzudämmen, denn Präventionsmöglichkeiten wie z.B. die teilweise schon vorhandene Photo-Card sind ebenso auf dem Markt wie verschiedene Formen technischer Sicherungen.

Bezüglich der Begehung weiterer Straftaten fallen die Anteile der Kosovo-Albaner nicht besonders ins Gewicht. Es wird in Geschäften gestohlen, es werden auch Raubüberfälle begangen, es werden Körperverletzungen und Tötungsdelikte begangen: die ganze Palette des Strafgesetzbuches erscheint, wenn man sich die Mühe macht und sämtliche Kriminalakten liest.

Dieses trifft aber auch auf fast alle anderen Nationalitäten in Deutschland zu, auf Türken genauso wie auf Deutsche, auf Portugiesen wie auf Chinesen.

Alle anderen Delikte werden aber vom Einbruch in den Schatten gestellt, einem Delikt, das nach den letzten statistischen Veröffentlichungen fast zwei Drittel aller angezeigten Straftaten ausmacht.

Fall Fevzi M. (Personalien geändert)

Die Ermittlungsgruppe (EG) 941 beschränkt sich in ihrer Tätigkeit nicht ausschließlich auf Einbruchs- und Hehlereidelikte. Im Einzelfall werden auch andere Straftatbestände verfolgt, insbesondere dann, wenn die Tat nach Sachlage von als Einbrechern bekannten Kosovo-Albanern ausgeführt worden ist.

Ein derartiger Fall spielte sich im Frühjahr 1994 ab.

Im Bereich St. Pauli wurde an einem Maiabend ein Schwarzafrikaner aus Kamerun erstochen aufgefunden. Zeugen der Tat konnten zunächst keine ermittelt werden.

Ca. 20 Minuten nach dieser Tat wurde ein Kosovo-Albaner, Fevzi M., ins nahegelegene Hamburger Hafenkrankenhaus eingeliefert (von mehreren Landsleuten).

Zusammen gesehen zwei völlig getrennte Vorgänge.

Auffällig war nur, daß der M. ebenfalls durch einen Messerstich schwer verletzt worden war.

Was lag näher als die Vermutung, bei dem verletzten M. könne es sich um den Täter handeln, der den Afrikaner erstochen hatte?!

In Zusammenarbeit mit der Mordkommission übernahm die EG 941 die notwendigen Arbeiten.

In tagelanger Kleinarbeit mußten -zig Hinweise und Zeugen überprüft und vernommen werden.

Die Gesamtermittlungen erstreckten sich über 4 Monate.

Am Ende stellten sich folgende Sachverhalte heraus:

Der Kosovo-Albaner M. war von einem Landsmann im Streit mit einem Messer schwer verletzt worden, nachdem er selbst versucht hatte, diesen Landsmann mit seiner scharfen Schußwaffe (Kaliber 9 mm) zu erschießen. Die Waffe funktionierte allerdings nicht, so daß der Messerstecher obsiegte.

Die beiden hieraus resultierenden Verfahren (jeweils wegen versuchten Totschlags) wurden von der EG 941 abschließend bearbeitet.

Bezüglich des getöteten Afrikaners stellte sich in langwierigen Ermittlungen heraus, daß dieser dem Gewerbe eines Kleindealers nachgegangen war.

Kosovo-Albaner

Landsleute von ihm hatten die Tat beobachtet, aber aus Angst vor der Rache des Täters monatelang geschwiegen.

Zur Tatzeit war es zwischen dem A. und einem potentiellen Kunden zu einem Streit über die Kaufsumme gekommen, worauf der Kunde ein Messer zog und den Verkäufer damit niederstach.

Das Opfer verstarb binnen weniger Minuten am Tatort.

Nachdem es zwei Beamten der Ermittlungsgruppe 941 gelungen war, das Vertrauen der Freunde des Getöteten zu erlangen (mehrere Schwarzafrikaner), wurde mit deren Hilfe ein sog. Phantombild vom Täter erstellt.

Nur wenige Tage später ging von den Freunden des Getöteten der entscheidende Hinweis ein: Sie hatten den Täter auf St. Pauli gesehen.

Im Rahmen einer sofort eingeleiteten Fahndung konnte dieser Mann noch am selben Tag festgenommen und dem Amtsgericht zugeführt werden.

Es handelte sich um einen 19jährigen polnischen Drogenabhängigen, der die Tat nach stundenlangen Vernehmungen zugab.

Das Motiv lag - wie vermutet - im Drogenbereich.

Alle drei Personen sind zwischenzeitlich verurteilt worden, die Kosovo-Albaner zu Bewährungsstrafen, der Pole zu einer langjährigen Freiheitsstrafe.

Nordverbund

23.2.1996: HOLSTEINISCHER COURIER, Neumünster
   WELT
   KIELER NACHRICHTEN

„Zum 50. Geburtstag des Landeskriminalamtes (LKA) hat Kiels Landesregierung ein bundesweit einmaliges Projekt aus der Schublade geholt: In einer Mini-Behörde im Großraum Hamburg sollen Polizisten aus beiden Ländern gemeinsam Jagd auf Schwerkriminelle machen.
Erste Gespräche werden derzeit schon geführt.
Nach Ansicht von Ekkehard Wienholtz, SPD, Innenminister des Landes Schleswig-Holstein, macht „Kriminalität nicht vor Grenzen halt, und Straftäter operieren international!"
Dagegen setzt die Polizei im Norden bislang auf gemeinsame Ermittlungsgruppen, die sich etwa auf Einbruchsdiebstähle von Kosovo-Albanern konzentrieren, aber nach Abschluß der Arbeit wieder aufgelöst werden. Verloren geht damit das Wissen um Strukturen und Vorgehen von Banden, die im Großraum Hamburg zuschlagen.
Die von Wienholtz ins Spiel gebrachte ständige Ermittlungsgruppe würde aus Sicht von LKA-Mitarbeitern auch die Beamten stärken.

Insbesondere ist an eine Zusammenarbeit zwischen den Bundesländern Hamburg, Schleswig-Holstein, Mecklenburg-Vorpommern und Niedersachsen gedacht. Der Aufgabenbereich einer solchen „Super-SOKO" würde folgende Gebiete umfassen:
- Serien und Bandendelikte
- Raubüberfälle
- Diebstähle hochwertiger Autos.

Zum Hintergrund wurde folgendes genannt:
Das Hamburger Umland steht seit Jahren unter einer Welle von Kriminalität, die in der Hansestadt ihren Ursprung hat. Am deutlichsten spürbar wurde dieser Trend durch Serien der sog. Bohreinbrecher, Einbrüche in Einfamilien-, Doppel- und Reihenhäuser, für die in Hamburg lebende Kosovo-Albaner verantwortlich gemacht werden. Auf diese und ähnliche Phänomene reagiert die Polizei bisher mit der Einrichtung von Ermittlungsgruppen, die jedoch nach einiger Zeit aus vielfältigen Gründen (personelle, sachliche, täterbezogene) wieder aufgelöst werden.
Dieses Modell Nordverbund ist momentan in der Schwebe, wird von zuständigen Gremien in Hamburg und Kiel geprüft.

Die endgültige Entscheidung wird auf einer Landesinnenministerkonferenz im Mai 1997 fallen."

Dolmetscher

Obwohl es in Deutschland und auch in Hamburg eine Menge von Kosovo-Albanern gibt, haben die Strafverfolgungsbehörden allenorts Schwierigkeiten, Dolmetscher zu bekommen.

Das liegt keineswegs daran, daß Kosovo-Albaner in Deutschland die deutsche Sprache nicht beherrschen. Wie bei allen anderen ausländischen Volksgruppen gibt es auch unter den Kosovo-Albanern viele Deutschkundige, die zum Teil sogar hier zur Schule gegangen sind, teilweise die Universitäten besuchen.

Der Polizei und der Justiz in Hamburg stehen kaum mehr als ein halbes Dutzend Dolmetscher für diese Sprache zur Verfügung. Eine Ausbildung zum vereidigten Albanischdolmetscher gibt es nicht, da diese Sprache in Deutschland nicht gelehrt wird und zuwenig Prüfungspersonal vorhanden ist (so die Aussage eines Dolmetschers).

Jetzt kann man ja zu Recht einwerfen, daß die Kosovo-Albaner aufgrund ihrer Herkunft auch in serbokroatischer Sprache vernommen und befragt werden können. Diese Sprache beherrschen sie nach meinen Erfahrungen alle.

Allerdings lehnen sie diese Sprache bzw. die Dolmetscher, die sie in dieser Sprache befragen, ab. Grund dafür ist das Mißtrauen gegen alles, was in irgendeiner Form mit den Serben zu tun hat. Sie haben absolut kein Vertrauen zu diesen Menschen, kapseln sich auch in ihrem Privatleben völlig von allem was serbisch ist ab.

Derartige Übersetzungsangebote wurden nach meinen Erfahrungen nur in ganz wenigen Ausnahmefällen akzeptiert.

Warum gibt es denn so wenige Albanischdolmetscher? Die Antwort hat nichts mit Phlegma zu tun, sondern schlicht mit Angst.

Ich habe bei meinen Befragungen wiederholt die relativ gut Deutsch sprechenden Kosovo-Albaner gefragt, ob sie nicht bereit sind, bei der Polizei zu dolmetschen.

Trotz der guten Bezahlung (pro Stunde ca. 60,00 bis 80,00 DM) lehnten alle Befragten dieses Angebot ab.

Sie fürchten, daß sie mit Repressalien seitens der Straftäter zu rechnen haben, wenn sie mit den Sicherheitsbehörden zusammenarbeiten. In einer Stadt wie Hamburg kann man sich nicht vestecken, die „anderen finden mich hinterher überall. Außerdem fürchte ich um das Leben meiner Familie."

Mir sind mehrere Fälle bekanntgeworden, wo Dolmetscher gewisse Tätigkeiten eingestellt haben, nachdem sie von den Tätern bedroht worden sind.

In einem Fall ist durch rechtsanwaltliche Akteneinsichtnahme bekanntgeworden, daß ein Dolmetscher eine richterlich angeordnete Telefonüberwachung bei einem Kosovo-Albaner übersetzt hat. Dieser hat unmittelbar danach eine Drohung erhalten, so daß er diesbezügliche Tätigkeiten sofort eingestellt hat mit dem Hinweis, daß ihm Leib und Leben seiner Person und seiner Familienangehörigen wichtiger seien als das Geld, das er mit einer solchen Tätigkeit verdiene.

In einem anderen Fall reichte bei einer Dolmetscherin ein Anruf mit der Frage, wie lange sie noch für die Polizei gegen ihre Landsleute arbeiten wolle, um sie sofort zur Niederlegung ihrer Arbeit zu bewegen. Und diese Frau kam noch nicht einmal aus dem Kosovo oder aus Albanien!

Umsomehr stellt sich für den kritischen Polizeipraktiker die Frage, geht bei den Übersetzungen, die die Dolmetscher für ihn erledigen, alles mit rechten Dingen zu? Gibt es nicht Verbindungen, die den Dolmetscher zu einem Sicherheitsrisiko machen?

Ich kann mit diesem Risiko leben, die meisten meiner Kollegen auch. Wir gehen davon aus, daß die von uns in Anspruch genommenen Dolmetscher loyal sind, Gegenanzeigen gibt es bislang keine.

Hätten wir bei unserer Arbeit ständig Zweifel an der Aufrichtigkeit der Dolmetscher, so könnten wir uns bequem zurücklehnen, denn ohne diese würde die polizeiliche Arbeit im Sande verlaufen, die Aufklärungsquote würde sich auf Null reduzieren.

Im Gegenteil, wir sollten froh sein, daß wir immer noch Dolmetscher haben. Mehrere Fälle sind bekanntgeworden, in denen Dolmetscher mehr oder weniger direkt bedroht wurden, dennoch haben sie ihre Arbeit fortgesetzt.

Auch die „Gegenseite" weiß, daß sie gelegentlich die Hilfe von Dolmetschern in Anspruch nehmen muß, daß diese spätestens vor Gericht auch eine Hilfe für sie selbst sein können.

Ohne Dolmetscher für die albanische Sprache ist eine vernünftige Sachbearbeitung gegen die kosovoalbanischen Einbrecher nicht durchführbar!

Kosovo-Albaner

Wohnungseinbruch aus Sicht des Täters

Über dieses Thema gibt es mehrere Untersuchungen und Veröffentlichungen, die u.a. in der Forschungsreihe des Bundeskriminalamtes erschienen sind.

In meinen Fragebogen, die ich zusammen mit bekannten Straftätern ausgefüllt habe (siehe Kapitel Fragebogen II), bin ich auch kurz auf diese Motivationsforschung eingegangen, ohne allerdings den Anspruch auf Vollständigkeit zu erheben.

Der Leser soll aufgrund der folgenden Aussagen von Straftätern/Einbrechern eine Möglichkeit aufgezeigt bekommen, sich gegen mögliche Einbrüche zu schützen.

Zu über 80 % erwarten die Einbrecher, in den von ihnen angegangenen Objekten Bargeld zu finden, und zwar in einer durchschnittlichen Höhe von DM 1000.

Schmuck wird zu 60 % erwartet, Schecks zu etwa 40 %.

Gegenstände der Unterhaltungselektronik spielen bezogen auf die Kosovo-Albaner nur eine untergeordnete Rolle, bei anderen befragten Einbrechern wird dieses Stehlgut sehr differenziert gesehen.

Die Risiken, die ein Täter sieht, wenn er sich zu einem Einbruch begibt, lauten wie folgt:
- gefaßt zu werden
- gefaßt und verurteilt zu werden
- während des Einbruchs überrascht zu werden
- auf besondere Sicherheitsanlagen zu stoßen
- mit Komplikationen irgendwelcher Art konfrontiert zu werden.

Die staatliche Strafandrohung beeinflußt weder den „normalen" Einbrecher noch den Kosovo-Albaner, d.h. nur ungefähr 15 % aller Wohnungseinbrecher lassen sich durch eine erhöhte Strafandrohung von der Begehung eines bestimmten Einbruchs abhalten.

Es ist bislang kein Fall bekanntgeworden, bei dem ein Kosovo-Albaner bei seiner Einbruchsbegehung eine Schußwaffe mit sich geführt hat.

Die Möglichkeiten, die die Polizei zur Verfügung hat, werden von den kosovo-albanischen Einbrechern als sehr gering eingestuft. Sie rechnen nicht damit, jemals von der Polizei auf frischer Tat, also noch am Tatort oder auf der Flucht, festgenommen zu werden.

Die Prozentangabe beim Auskundschaften von besonderen Tatorten liegt bei ca. 10 %. Die übrigen Tatorte werden ohne größere Vorbereitungen von den Tätern angegangen (s. auch Kapitel „Kosovo-Albaner").

Die Wahl des Objektes ist nicht von der örtlichen Wohnnähe abhängig, sondern von den Verkehrsbedingungen, die das beabsichtigte Tatortgebiet umgeben (Straßen, Bahnen pp.).

Die Auswahl der einzelnen Tatortobjekte ist nicht nur von einer bestimmten Beuteerwartung geprägt, sondern überwiegend von der Tatsache, daß das Haus pp. nicht allein liegt, weitere ähnliche Objekte in der Nähe sind.

Wie schon oben angesprochen, geht der Kosovo-Albaner bei seinen Einbrüchen nicht unbedingt von dem „ganz großen Ding" aus, sondern rechnet mit einer geringen bis mittleren Beute, die sich für ihn aber durch die Begehung zahlreicher Einbrüche in einem bestimmten Gebiet letztlich auszahlt.

In fast allen Fällen (der Prozentsatz liegt bei weit über 90 %) kümmern sich die Kosovo-Albaner vor Tatausführung nicht um die Haus- oder Wohnungsinhaber, d.h. sie holen sich über diese Personen keine Informationen ein. Diese Haltung ist auch wieder geprägt von der eben erwähnten Beuteerwartung.

Vor der Tatbegehung gibt es bei den Kosovo-Albanern keine besonderen Aktivitäten. Sie bereiten sich nicht besonders vor (wie z.B. andere Einbrecher, die sich zur nächtlichen Tatbegehung dunkel kleiden), haben ohnehin alle Utensilien, die sie für ihre Taten brauchen, fast immer bei sich (Einbruchswerkzeuge pp.).

Sie führen ihr ganz normales Leben (s. unter Kosovo-Albaner in Hamburg) ohne besondere Auffälligkeiten. Von Aufregung vor der Tat wie bei anderen Tätern kann keine Rede sein. Während der Taten nehmen die inneren Spannungen logischerweise zu, teilweise wurde auch von Nervosität berichtet, aber diese Regungen treffen in derartigen Situationen auf alle ähnlich „arbeitenden" Personen zu.

Auffallend an den Tatorten von Kosovo-Albanern ist, daß sich diese Täter so gut wie nie vor dem Ansetzen zur Tat vergewissern, ob die Bewohner im Hause sind. Von anderen Einbrechern wird in der Regel an der Haustür geklingelt, vorher telefoniert (Testanrufe) oder das Haus sogar über einen längeren Zeitraum beobachtet.

All dies trifft auf die Kosovo-Albaner nicht zu.

Kosovo-Albaner

Sie vertreten ganz simpel die Ansicht, daß zu der abendlichen oder nächtlichen Stunde, in der sie ins Objekt eindringen wollen, immer dann niemand im Hause ist bzw. die Bewohner schon schlafen, wenn
- kein Licht brennt
- kein Fernseher läuft.

Weitere Kontrollen werden nicht durchgeführt.

Die Täter gehen also bewußt das Risiko ein, im Objekt auf Bewohner zu treffen (zum Verhalten gegenüber Geschädigten und Polizeibeamten sowie zum Absatz der Beute siehe das Kapitel über „Arbeitsweise der kosovo-albanischen Einbrecher").

Fall Imer O. (Personalien geändert)

Im Jahre 1990 reiste der 14jährige Imer O. legal nach Deutschland ein. Seine Eltern lebten zu dieser Zeit bereits einige Jahre als Gastarbeiter in Hamburg.

Zwei Jahre später begann O. eine Lehre, die er aber bald wieder abbrach, weil ihm die Arbeit zu schwer und der Verdienst zu gering waren.

1994 zog er zu einer um zwölf Jahre älteren Freundin, eine Heirat ist nach wie vor geplant.

Im Jahre 1994 beschäftigte eine Betrugsserie einige Mitarbeiter der Ermittlungsgruppe 941 über Monate:

Pärchen in unterschiedlicher Zusammensetzung (in bezug auf die Frauen) kauften an diversen deutschen und ausländischen Bahnhöfen teure Fahrkarten und bezahlten regelmäßig mit gestohlenen Euroschecks.

Diese Schecks und die dazu benutzten Scheckkarten stammten ausschließlich aus Wohnungseinbrüchen in den norddeutschen Bundesländern Schleswig-Holstein, Niedersachsen und Hamburg.

Jeweils kurz nach dem Kauf der Fahrkarten wurden diese an einem anderen Bahnhof oder sogar am Kaufbahnhof wieder zurückgegeben mit der stereotypen Ausrede, die Reise könne doch nicht angetreten werden.

Der Erstattungsbetrag wurde sodann regelmäßig in bar ausgezahlt, so daß im Laufe der Zeit eine erkleckliche Geldsumme zusammenkam.

Nach umfangreichen Ermittlungen gelang es den Ermittlern, den Täter, Imer O., zu ermitteln.

Er wurde an einem deutschen Grenzübergang zusammen mit zwei Personen, die für ihn Schecks im Ausland eingelöst hatten (in Form von Fahrkarten), festgenommen und inhaftiert, wenig später nach Hamburg verschubt.

Nach der Festnahme verbrachte der O. einige Monate im Untersuchungsgefängnis in Hamburg, wurde anschließend wieder auf freien Fuß gesetzt, allerdings mit der Auflage, seine Mitbeschuldigten in Ruhe zu lassen.

Bei den Mitbeschuldigten handelte es sich zum größten Teil um Frauen, die dem Charme des O. verfallen waren. Überwiegend begingen sie ihre Straftaten (Scheckbetrügereien) freiwillig, teilweise wurden sie von dem O. auch mit Schlägen und/oder Drohungen dazu gezwungen.

Nach seiner Haftentlassung hat der O. mehrfach einige dieser Frauen aufgesucht und versucht, sie von vorher gemachten Aussagen abzubringen (die natürlich ihn am meisten belasteten). In einigen Fällen setzte er auch körperliche Gewalt als Überzeugungshilfe ein.

Diese erneuten Straftaten und Verstöße gegen die richterlichen Auflagen wurden allerdings schnell polizeibekannt; die Folge war ein erneuter Haftbefehl gegen den O.

Derzeit (Mitte 1996) verbüßt er eine mehrjährige Haftstrafe in einer Jugendstrafanstalt.

Bei dem O. handelt es sich zwar nicht um einen Einbrecher, sehr wohl aber um einen sogenannten Verwertungstäter.

Er kaufte in allen Fällen die Schecks, die er später ausfüllen ließ, von den kosovo-albanischen Einbrechern auf. Durch diese Tätigkeit sorgte er dafür, daß die Einbrecher nach ihren Taten ihre erbeuteten Schecks reibungslos verkaufen konnten.

Im Volksmund existiert der Spruch:" Der Hehler ist schlimmer als der Stehler!"

Gäbe es keine Hehler (und keine betrügerischen Scheckeinlöser) wie den O., hätten die Einbrecher enorme Schwierigkeiten, die gestohlenen Schecks abzusetzen, müßten fortan ihr Augenmerk auf anderes Stehlgut richten.

Erst die Hehler ermutigen den Einbrecher dazu, derartige Schecks und anderes Stehlgut „mitgehen" zu lassen.

Der Einbrecher richtet sich nach dem, was gerade aktuell ist, was er möglichst schnell los wird.

Aus diesem Grunde sind die Ermittlungen der Polizeien und natürlich auch der Ermittlungsgruppe 941 darauf gerichtet, den Einbrechern ihre Geldquelle, nämlich den Hehler, zu nehmen.

Resümee

oder: „Kosovo-Albaner in Deutschland – eine Bedrohung für die innere Sicherheit?"

In diesem abschließenden Kapitel möchte ich versuchen, aus meiner Sicht eine Antwort auf die provokant gemeinte Titelfrage zu geben. Der aufmerksame Leser wird unter Umständen zu einer anderen Schlußfolgerung kommen; wenn das so sein sollte, ist ein Hauptzweck dieses Buches erreicht, nämlich eine umfassende Information zu vermitteln.

Ich behaupte, daß ein Großteil der bundesdeutschen Bevölkerung und auch ein Großteil der deutschen Polizeibeamten eine negativ gefärbte Meinung bezüglich der Kosovo-Albaner haben.

Die Gründe für die Bevölkerung ergeben sich aus dem Kapitel „Deutsche Presse", aus der nach meiner Meinung sehr einseitigen Berichterstattung.

Polizeibeamte lesen natürlich auch die gleichen Presseberichte, haben darüber hinaus aber auch noch wesentlich engere Kontakte zu den Kosovo-Albanern. Und diese Kontakte sind nicht dazu angetan, das Meinungsbild entscheidend zum Positiven zu verändern. Kein Mensch kann sich auf Dauer gegen Vorurteile wehren, zumal wenn die Nahrung zum täglichen Geschäft gehört.

Von Polizeibeamten wird dies aber in erhöhtem Maße verlangt, sie unterliegen einer ganz besonders ausgeprägten Kontrolle, nicht nur durch ihre Vorgesetzten, sondern immer mehr auch durch die Medien.

Auf diese Problematik möchte ich ein wenig später noch etwas vertiefend eingehen.

Ich möchte mich zunächst mit einer anderen Fragestellung befassen:

„Kosovo-Albaner in Deutschland - alles Einbrecher?"

Im Laufe dieses Buches habe ich mehrfach darauf hingewiesen, daß es in Deutschland eine Zahl von Personen aus dem Kosovo gibt, die nach Schätzungen ca. eine halbe Millionen Menschen beträgt.

Um abzuklären, ob es gewisse regionale Schwerpunkte für Kosovo-Albaner in Deutschland gibt, d.h. ob in bestimmten Regionen die Zahl der angesiedelten Albaner aus dem Kosovo höher ist als anderswo, habe ich mit mehreren Ausländerbehörden Rücksprache genommen, vor allem aber auch mit zahlreichen Asylbewerberunterkünften in der gesamten Bundesrepublik.

Kosovo-Albaner

Als Ergebnis kam heraus, daß in jeder Unterkunft entweder aktuell oder zurückliegend Kosovo-Albaner verzeichnet waren. Jedem Ansprechpartner in den Unterkünften waren mindestens eine Familie oder eine Einzelperson aus diesem Herkunftsgebiet bekannt.

Was nicht zu ermitteln war, war die Antwort auf die Frage nach regionalen Schwerpunkten.

Es gibt Asylbewerberunterkünfte, in denen bis zu 20% Kosovo-Albaner untergebracht sind, es gibt aber auch solche, in denen die Zahl bei 2% bis 3% liegt.

Diese von mir durchgeführten Befragungen bezogen sich auf die alten und die neuen Bundesländer.

Die Situation in Hamburg bildet natürlich den Schwerpunkt meiner Untersuchungen und damit auch dieses Buches.

Nach Schätzungen des Ausländerbeauftragten in Hamburg (Anfang 1996) leben in der Hansestadt ca. 5000 Kosovo-Albaner.

Bezüglich der Verteilung auf die einzelnen Unterkünfte gilt die oben gemachte Aussage. Als Asylbewerberunterkünfte zählen in Hamburg neben den typischen Containerdörfern auch die sog. Wohnschiffe, größere Containerschiffe, die im Hamburger Hafen verankert sind, aber auch Privatpensionen, Hotels usw., kurzum alles, was zum Aufenthalt von Menschen geeignet ist.

In der Hansestadt leben zahlreiche Familien und Einzelpersonen, die unmittelbar nach der Machtergreifung von Milosevic oder in den darauffolgenden Jahren (bis Mitte der achtziger Jahre) die Heimat verlassen haben und sich als Asylbewerber gemeldet haben. Diese Menschen haben -wie auch andere ethnische Gruppierungen, z.B. Türken- Wohnungen bezogen in bestimmten Stadtteilen Hamburgs und leben zum Teil in den Häusern unter Landsleuten. Sie pflegen die Kulturen aus der Heimat, besitzen eigene Geschäfte, haben sich Moscheen aufgebaut und führen zwar kein isoliertes, aber doch ein beachtliches Eigenleben.

Diese Personengruppe ist nach meinen Recherchen aus polizeilicher Sicht völlig unproblematisch. Diese Menschen arbeiten, die Begehung von Straftaten ist ihnen in aller Regel fremd. Auch die inzwischen herangewachsene zweite Generation bereitet bis auf wenige Ausnahmen keinerlei Probleme.

Diese Menschen sind nach eigenen Bekundungen nicht glücklich in Hamburg. Sie haben sich aber damit abgefunden, zumindest einen Teil ihres Lebens in der Hansestadt zu verbringen. Sie träumen einen kollektiven Traum, nämlich eines Tages wieder in ihre Heimat zurückkehren zu können, wenn sich die politischen (und die wirtschaftlichen) Verhältnisse zum Positiven gekehrt haben.

Außer der Heimatverbundenheit und der Pflege des Kulturgutes haben diese Menschen noch eines gemeinsam: Sie haben keinerlei Kontakte zu der kriminellen Szene, die den Gegenstand dieses Buches bildet. Sie distanzieren sich von diesen Personen, leiden teilweise sogar unter ihnen, zumindest indirekt.

Der Leser bestimmter Presseorgane kann aufgrund fehlender objektiver Berichterstattung keine Unterscheidung zwischen der kriminellen Szene und den eben geschilderten Kosovo-Normalbürgern machen.

Diese Personen begegnen überall Vorurteilen, wo sie sich auf ihre Herkunft beziehen, sei es bei Gesprächen bei Banken oder beim Versuch, eine neue Wohnung zu erhalten.

Bezeichnen sie sich als jugoslawische Kriegsflüchtlinge, die sie ja zum Teil auch wirklich sind, begegnen sie wesentlich mehr Zuneigung und Verständnis.

Ein von mir befragter Kosovo-Albaner erzählte mir eine Geschichte, die mich persönlich sehr betroffen gemacht hat:

Er ging zu einer großen Wohnungsbaugesellschaft in Hamburg, um den Mietvertrag für die schon zugesagte neue Wohnung zu unterschreiben. Bei der Frage nach seinem Geburtsort sagte er „Pristina"; als der Angestellte sich das Wort buchstabieren ließ, fügte der Mann als Erklärung hinzu, diese Stadt liege in der Provinz Kosovo. Daraufhin erklärte der Sachbearbeiter dem Mann, Kosovo-Albaner würden aufgrund der Presseberichterstattung als Nachbarn derzeit abgelehnt. Um Schwierigkeiten mit deutschen Nachbarn zu vermeiden, würden zu der Zeit keine Mietverträge mit Kosovo-Albanern abgeschlossen.

Der Mann wohnt mit seiner Familie (5 Personen) noch immer in seiner Dreizimmerwohnung.

Auf Nachfrage teilte mir das Unternehmen mit, diesen Vorgang könne es sich nicht erklären, dies sei eine völlig untypische Praxis, derartige Vorgänge wären höchstens Einzelfälle, man hätte nichts gegen Kosovo-Albaner.

Ähnliche Absagen haben Kosovo-Albaner bei anderen Unternehmen erhalten, so auch bei Kontoeröffnungen in verschiedenen Geldinstituten.

Allein die Nennung der Heimatprovinz Kosovo ruft offenbar bei Angesprochenen automatisch ein Unwohlsein hervor mit der Konsequenz, daß der so Konfrontierte in die Abwehrstellung geht.

Kosovo-Albaner

Persönlich fühle ich mich deshalb von diesem Vorfall so betroffen, weil letztlich wir als EG 941 in der Hauptsache mit Kosovo-Albanern dienstlich zu tun haben und bei Erfolgen auch entsprechende Meldungen über unsere Pressestelle an die Medienvertreter der einzelnen Redaktionen weiterleiten. Damit sind auch wir mitverantwortlich für die Form der Berichterstattung, auch wenn wir auf den jeweiligen Journalisten absolut keinen Einfluß haben.

In den Augen vieler Deutscher ist der Begriff „Kosovo-Albaner" gleichbedeutend mit dem Wort „Einbrecher".

Letztendlich hat mich dieser Umstand dazu ermutigt, dieses Buch zu schreiben, weil die Ungerechtigkeit, die diesen Menschen zugefügt wird, offenbar niemandem bewußt wird oder geworden ist. Oder die Leute, die dieses erkannt haben, sind einfach nur gleichgültig. Oder sie sind Leute, denen die pauschale Verurteilung einer ethnischen Minderheit gut ins politische oder redaktionelle Konzept paßt.

Die Antwort auf die oben gestellte Frage kann also nur lauten: *Es gibt kosovoalbanische Einbrecher, so wie es auch Einbrecher aus anderen Herkunftsgebieten gibt (allerdings nicht in dieser Menge und Konzentration).*

Es gibt daneben aber auch eine große Mehrheit von Kosovo-Albanern, die ihren Lebensunterhalt wie der Normalbürger verdient, nämlich durch Arbeit.

Haben deutsche Polizeibeamte Vorurteile gegenüber Kosovo-Albanern?

Daß Polizeibeamte nicht völlig vorurteilsfrei sind, habe ich in einem vorherigen Kapitel schon kurz angeschnitten.

Die Frage, die sich in diesem Zusammenhang aber stellt, lautet, wie der einzelne Polizeibeamte mit diesen eventuell vorhandenen Vorurteilen/Vorbehalten umzugehen versteht.

Ich persönlich arbeite seit fast 20 Jahren überwiegend im Großraum Hamburg-Altona, in einem Stadtteil, der in erster Linie durch seine multikulturelle Bevölkerungszusammensetzung Beachtung verdient. Ganze Straßenzüge werden von Türken bewohnt, Teile Altonas haben von der deutschen Bevölkerung den Spitznamen „Klein-Istanbul" erhalten.

Die Ausländer, mit denen wir als Polizei es zu tun haben, sind in der Regel keine Geschädigten oder Opfer, sondern Täter: Einbrecher, Kraftfahrzeugaufbrecher, Autodiebe, Ladendiebe, Rauschgiftdealer usw.

Damit habe ich schon das ausgedrückt, was die Polizei normalerweise in bezug auf Ausländer an Umgang hat.

Kaum ein Polizist, ob Schutzpolizei oder Kriminalpolizei, hat die Möglichkeit, auch den „anderen" Ausländer kennenzulernen, nämlich den, der nicht straffällig wird. Während der Dienstzeit bleibt kaum einem Beamten die Zeit, sich mit diesem (wesentlichen) Teil der ausländischen Bevölkerung auseinanderzusetzen.

Sicher geht jeder von uns gelegentlich in ein griechisches, türkisches oder jugoslawisches Restaurant. Zeit für Gespräche über Probleme der in diesen Lokalitäten tätigen Personen ist bei diesen Anlässen aber nicht vorhanden.

Die Kernfrage ist aber eine andere: Wer will sich überhaupt um die Probleme der Ausländer Gedanken machen?

Kein Polizeibeamter, kein Bürger hat diese Verpflichtung.

Und dennoch gibt es immer wieder Personen, die versuchen, auf die Probleme der ausländischen Mitbürger aufmerksam zu machen, meistens ohne Echo. Jeder bei uns hat genug mit sich selbst zu tun, so ist zumindest die überwiegende Meinung, warum und wann soll man soll man sich dann auch noch mit Problemen belasten, die zudem oft ihren Ursprung in für uns völlig fremden Kulturen haben?

Für uns ist es selbstverständlich, daß die türkischen Frauen Kopftücher tragen. Haben wir uns auch schon einmal gefragt, warum sie es tun? Wer hat sich schon einmal die Frage gestellt, wie er eine Türkin erkennen will, wenn sie kein Kopftuch trägt, vielleicht noch blond ist?

Wer weiß schon, daß sehr viele Türkinnen nicht schwarzhaarig sind?

Es gibt unzählige Fragen, die sich in diesem Zusammenhang stellen lassen und auf die die meisten von uns keine Antwort wissen.

Wir nehmen ausländische Kulturgüter lieber als gegeben hin, was ja auch einfacher ist, und lachen teilweise über sie, ohne uns darüber im klaren zu sein, was wir unseren ausländischen Mitbürgern damit antun.

Bei diesen Betrachtungen wundere ich mich umsomehr, daß sich nur sehr wenige Ausländer über polizeiliches Einschreiten beschweren. Vieles spricht dafür, daß die Beamten sehr wohl in der Lage sind, sensibel mit den ausländischen Mitbürgern umzugehen. Ausnahmen gibt es natürlich, aber diese müssen in sehr geringer Anzahl vorhanden sein.

Bei meinen Befragungen sind mir oft Polizeiaktionen geschildert worden, auch von aktiven Einbrechern. Jeder hat betont, daß die Polizei ihre

Pflicht tut und darüberhinaus äußerst korrekt vorgegangen ist. Es ist kein einziges böses Wort gegen Polizeibeamte gefallen.

Dieses Resultat hat mich schon sehr verblüfft, habe ich doch zumindest zum Teil anderes erwartet.

Ich möchte diesen Abschnitt nicht als erhobenen Zeigefinger verstanden wissen, sondern vielmehr den Leser auffordern, sich bei der einen oder anderen Gelegenheit doch einmal zu fragen, warum der Ausländer dieses oder jenes tut, vielleicht sogar auf denjenigen zuzugehen und ihn direkt darauf anzusprechen.

Ich persönlich habe bei derartigen Fragen nie eine Abfuhr bekommen; alle Angesprochenen waren auskunfts- und wenn nötig auch hilfsbereit.

Ist die innere Sicherheit in Deutschland durch die kosovoalbanischen Einbrecher bedroht?

Wer dieses Buch aufmerksam gelesen hat, für den bleibt eigentlich nur eine simple Antwort: Ja!

Das Wichtigste bei dieser Aussage darf aber nicht vergessen werden:

Es sind aber nur die Einbrecher, die Zuhälter, die Rauschgiftdealer, die Taschendiebe aus dem Kosovo, die unsere innere Sicherheit bedrohen.

Die Masse der in Deutschland lebenden Kosovo-Albaner sind Menschen, die aufgrund der derzeit in ihrer Heimat vorherrschenden politischen Verhältnisse ein Recht auf würdige Behandlung haben, die es nicht verdient haben, mit einer kriminellen Minderheit über einen Kamm geschoren zu werden.

Mir persönlich bleibt die Hoffnung, daß dieses Buch auch von Menschen gelesen wird, die aufgrund ihrer beruflichen Tätigkeit die Möglichkeit haben, bestehende Vorurteile gegen eine ganze Volksgruppe mit abbauen zu helfen.

In einem vorangegangenen Kapitel habe ich die Auffassung vertreten, daß die Kriminalität der Mitglieder der Hamburger „Kosovo-Albaner-Szene" (noch) keine „Organisierte Kriminalität" ist.

Ich stelle es dem Leser anheim, sich dazu eine eigene Meinung zu bilden.

Eine bestimmte Presse ist da ganz anderer Meinung und oft sehr (vor-)schnell mit dem Begriff der „Kosovo-Albaner-Mafia" zur Hand. Ich kann mir durchaus denken, daß der eine oder andere Leser sich (vielleicht zu

Recht) fragt, wo sollen wir dann die Grenzen ansetzen, wenn nicht schon bei den kosovo-albanischen Einbrechern, die sicherlich einige der OK-Indikatoren bereits erfüllen. Es gibt auch andere Formen von Kriminalität, begangen von Kosovo-Albanern, insbesondere auf dem Rotlicht- und Rauschgiftsektor, die eindeutig als Organisierte Kriminalität einzustufen sind.

Die von mir geschilderte kosovo-albanische Einbrecherszene in Hamburg und in den anderen Bundesländern wird weiter zu beobachten sein. Die Grenzen der von mir aufgezeigten Bandenkriminalität zur Organisierten Kriminalität sind fließend.

Lagebild, Prognose, Szenario 2000
von Willi Flormann

Der aufmerksame Leser wird sich spätestens beim letzten Kapitel gefragt haben, ob denn alles das, was durch die Bild- und Printmedien über die kriminellen Tätigkeiten von (Kosovo-) Albanern berichtet wurde, nicht den Tatsachen entspricht. Wie sooft liegt die Wahrheit in der Mitte. Der Autor dieses Bandes berichtete über die Hamburger „Albaner-Szene" auf dem Einbruchssektor, die seiner Auffassung nach, bei strenger Auslegung der OK-Definition und deren Indikatorenliste, noch keine Organisierte Kriminalität darstellt. Doch die Grenzen der qualifizierten Bandenkriminalität zur Organsierten Kriminalität sind fließend. Der Autor und ich sind uns einig, daß schon einige der „Hintermänner" der Albaner-Szene in die OK-Szene aufgestiegen sind oder noch aufsteigen werden. Das Potential für die Drahtzieher im Hintergrund ist aufgrund der politischen Entwicklungen in Albanien und im Kosovo unerschöpflich.

Auf diese Tatsache ging der aus dem Kosovo geflüchtete und jetzt in Deutschland lebende Vizepräsident der Demokratischen Liga, Anton Kolaj, in einem längerem Zeitungsinterview ein:.

„Viele Jugendliche sind besonders gefährdet. Sie wurden aus ihrem Umfeld herausgerissen. Die alten Strukturen - Großfamilie, patriarchalische Ordnung - in der Heimat sind zerbrochen. Viele sind hier in Deutschland orientierungslos und rutschen in die Kriminalität ab!"

Nach Recherchen des Bundesnachrichtendienstes (BND) spannt sich über die heutige Bundesrepublik Jugoslawien und die geschwächten Nachfolgestaaten ein dichtes Netz organisierter Kriminalität. Die Entwicklung dieses Phänomens mit seinen Auswirkungen auf Westeuropa, vor allem auf Österreich, die Schweiz und Deutschland, verdient die besondere Aufmerksamkeit der hiesigen Strafverfolgungsbehörden.

Mannigfaltige Beziehungen dieser Tätergruppierungen zu hier lebenden Landsleuten mit unterschiedlichem Status bilden einen idealen Nährboden für ihre krimellen Tätigkeiten im westlichen Ausland.

Nach dem BND verbergen sich unter dem Oberbegriff „Albanien-Mafia" drei Gruppierungen; nämlich die eigentliche „Albanische Mafia" (Albanien), die „Makedonien-Mafia" (Makedonien) und die „Kosovo-Mafia" (Kosovo). Nach seiner Einschätzung gilt die „Kosovo-Mafia" auf dem Balkan im Rauschgift-, Waffen- und Zigarettenhandel als feste Größe. Weitere Deliktsfelder kommen hinzu, vor allem der Menschenhandel und die illegale Kfz.-Verschiebung.

Weil eine klare Abgrenzung der straffällig werdenden Albaner nicht möglich ist, sollte besser der Begriff der ethnischen Albaner Verwendung finden.

Problemfeld Albaner-Kriminalität

Nach einem Papier des BKA aus dem Jahre 1997 stellt die Albaner-Kriminalität in Deutschland ein großes und stetig wachsendes Problemfeld dar. Die in diesem Lagbild aufgezeigte Entwicklung wird durch Lagebilder anderer europäischer Länder gestützt. Im europäischen Ausland sind davon vor allem Skandinavien, die Niederlande, Spanien, Italien, Tschechien, die Slowakei, Österreich und die Schweiz betroffen. Wie in Deutschland legen die kriminellen ethnischen Albaner auch in diesen Ländern eine bedrohliche Aggressivität und eine hohe Beweglichkeit an den Tag. Diese Fakten belegen, daß ihnen ein gut verzweigtes internationales Netzwerk sowohl als Ruhe- als auch Aktionsraum zur Verfügung steht.

Mit wachsender Sorge wird auch die brisante politische Lage in Albanien und im Kosovo beobachtet, die einen hohen Einwanderungsdruck auf einige Staaten in Westeuropa mit sich bringt.

Während in den neuen Bundesländern die kriminellen Aktivitäten der ethnischen Albaner noch keine große Rolle spielen, ist in den alten Bundesländern eine flächendeckende Ausbreitung vom Norden bis zum Süden erkennbar. Die Deliktspalette erstreckt sich auf den Drogen- und Waffenhandel, auf Geldwäsche, Raubstraftaten, Einbruchsdiebstähle, Scheckfälschungen, Kfz.-Verschiebung, illegale Einschleusung, Mädchen- und Frauenhandel, Urkundenfälschung, Schutzgelderpressung, Körperverletzungs- und Sexualdelikte sowie vor allem auf Rauschgiftdelikte und Straftaten im Dunstkreis des Rotlicht-Szene.

In den Bereichen Drogenhandel und Rotlichtmilieu sind seit einiger Zeit verstärkt Auseinandersetzungen und Verdrängungsbemühungen der ethnisch-albanischen Straftäter gegenüber bisher marktbeherrschenden Gruppierungen anderer Nationalitäten zu verzeichnen. Immer wieder treffen türkische und albanische Kriminelle aufeinander, wobei die Machtkämpfe von äußerst massiver und brutaler Gewalt geprägt sind.

Kosovo-Albaner

Brennpunkte in Deutschland sind Hamburg, Niedersachsen, Nordrhein-Westfalen, Hessen, Rheinland-Pfalz, Saarland, Baden-Württemberg und Thüringen.

Hochburg der Jugoslawen: Frankfurt/Main

Bereits im Jahre 1990 gab es in Frankfurt/Main, der damaligen Hochburg der Jugoslawen, 6 Tote bei blutigen Abrechnungen. Mitte 1991 setzte sich die Gewaltserie fort:

Ein Golf rollt an einer Gruppe von fünfzehn Jugoslawen vorbei, die sich vor einem Lokal aufhält. Plötzlich eröfffnen die Täter aus dem fahrenden Fahzeug das Feuer. Sechs Menschen brechen von Schüssen getroffen zusammen. Zwei Kosovo-Albaner erliegen ihren schweren Schußverletzungen, vier werden schwer verletzt. Kurze Zeit später faßt die Polizei die Täter.

Nach Feststellungen der Strafverfolger waren Machtkämpfe rivalisierender jugoslawischer Banden auf dem Drogensektor der Auslöser für die brutale Tat. Im Juni 1994 kam es zu einem weiteren kaltblütigen Mord:

Bei hellichtem Tage fallen die tödlichen Schüsse auf der „Zeil", der belebtesten Einkaufsstraße Frankfurts. Der Täter kommt mit einem Fahrrad und feuert mit insgesamt 36 Schüssen aus einer Maschinenpistole auf eine männliche Person. Das Opfer bricht tödlich getroffen zusammen, eine unbeteiligte Frau erleidet einen Brustdurchschuß und zwei weitere Personen werden schwer verletzt. Der Täter flüchtet in ein Lederwarengeschäft, wo ihn ein Sondereinsatzkommando der Polizei festnimmt.

Es handelte es sich um einen Kosovo-Albaner, gesucht wegen Mordes und versuchten Mordes in Frankfurt. Er war dabei, als wenige Tage zuvor eine Person auf der „Zeil" schwer verletzt und auf der „Kaiserstraße" eine Person erstochen wurde. Auch das Opfer stammte aus dem Kosovo. Wiederum waren kriminelle Machenschaften auf dem Rauschgiftsektor die Hintergründe für diese Gewalttat.

Im Juli 1995 verurteilte eine Frankfurter Kammer den Täter zu einer lebenslagen Freiheitsstrafe wegen Mordes. Doch das Urteil hörte der Angeklagte nicht mehr. Er war kurz zuvor auf dem Transport aus der Untersuchungshaft zur Urteilsverkündung geflohen.

Ein europäisches Kuriosum am Rande: Im Sommer 1996 spürten ihn deutsche Zielfahnder in Portugal auf. Er wurde von der Polizei festgenommen, aber von der Justiz wieder freigelassen. Begründung: Der Täter sei in Deutschland zu einer lebenslangen Haftstrafe verurteilt worden, die es in Portugal nicht gebe, und somit könne der Mann auch nicht ausgeliefert werden.

Zwischenzeitlich hat sich die Lage in Frankfurt ein wenig beruhigt. Ein leitender Beamter: „Was nicht heißt, daß die Albaner keine Schußwaffen mehr gebrauchen. Doch der Schuß in die Decke reicht schon, um ihren Forderungen Nachdruck zu verleihen....."

Gewaltbereitschaft in Hamburger „Albaner-Szene" wächst

Galt Hamburg seit Jahren als Mittelpunkt der kosovo-albanischen Einbrecherszene ohne große Gewaltanwendung, so vollzieht sich seit einiger Zeit ein Wandel zu Hehlerei- und Betrugsdelikten, vor allem aber in die Rauschgift- und Rotlichtszene gepaart mit einer großen Gewaltbereitschaft.

Gewalttätige albanische Straßendealer

Im Herbst 1994 erregte eine Serie von Gewalttaten durch Albaner die Gemüter der Hanseaten. Die Polizei hatte zwei vollendete und sechs versuchte Tötungsdelikte zu bearbeiten.

Ursprung dieser Gewalttaten war ein Vorfall Mitte Oktober, bei dem ein Albaner in der Nähe eines Lokals in St. Georg auf ein Mitglied einer konkurrierenden Gruppe schoß. Das Opfer wurde schwerverletzt in ein Krankenhaus eingeliefert und sofort operiert.

Dieser Vorfall wurde der Polizei nicht bekannt. Das Opfer und die Zeugen dieses Anschlags schwiegen aus Angst vor irgendwelchen Racheakten. Auch die Ärzte meldeten sich nicht bei der Polizei.

Diese Tat führte allerdings zum offen Ausbruch der gewaltsamen Auseinandersetzungen. Dahinter verbargen sich zwei konkurrierende Albanergruppen, die im Rauschgiftstraßendeal in St. Pauli und Sankt Georg tätig waren.

Zwei Tage nach dem ersten Vorfall kam es zu der nächsten Schießerei zwischen den rivalisierenden albanischen Gruppen in der Diskothek „Club 88" auf der Reeperbahn.

In den frühen Morgenstunden stürmen mehrere junge Männer die Diskothek und eröffnen das Feuer, einer zieht ein Messer. Ein Albaner wird von einer Kugel tödlich getroffen. Ein zweiter Albaner, mit mehreren

Kosovo-Albaner

Ein als Albaner-Treffpunkt bekanntes Lokal wird überprüft. Im Vordergrund ein schwerbewaffneter Polizist einer Sondereinheit.

Razzia durch eine Sondereinsatztruppe in Hamburg. Hier: Verdächtige werden überprüft.

Messerstichen in der Brust, rettet sich schwerverletzt in die nahegelegene Davidswache. Ein dritter überlebt mit mehreren Brustschüssen. Einen als Gast anwesenden Deutschen trifft ein Geschoß am Hals. Die Täter flüchten und können später festgenommen werden. Sie sind der Polizei keine Unbekannten. Sie gehören zum Umfeld der Wohnungseinbrecher.

Mit dieser Tat wurde der „Club 88" schon zum zweiten Mal innerhalb kurzer Zeit zum Tatort einer Milieu-Straftat. Im November 1992 feuerte ein 19-jähriger Türke dreimal auf einen Landsmann. Er trifft einen am Tresen sitzenden 28-jährigen deutschen Diso-Besucher, der später den schweren Schußverletzungen erliegt.

Ende November 1994 kam es auf der Simon-von-Utrecht-Straße in der Reeperbahn zu einer erneuten Schießerei, in deren Verlauf zwei Albaner durch Schüsse verletzt wurden.

Mitte Dezember 1994 erreichte diese Todesserie dann am Paul-Nevermann-Platz und auf der Großen Bergstraße ihren vorläufigen Höhepunkt.

Kosovo-Albaner

Gegen 17.00 Uhr sitzt ein 18-jähriger Kosovo-Albaner in einem Mc-Donald-Restaurant. Plötzlich fallen Schüsse. Der Mc-Donald-Gast bricht an Hals und Knie getroffen zusammen. Der Täter flüchtet und rennt durch einen Tunnel in die Große Bergstraße, verfolgt von einem Zeugen, der die Passanten auffordert, den flüchtenden Mann festzuhalten. Diesen Hilferuf hört ein 43-jähriger Geschäftsmann, der glaubt einen Ladendieb vor sich zu haben, und stürzt sich auf den Täter. Es kommt zu einem Handgemenge. Plötzlich lösen sich aus der Menge der Schaulustigen zwei bewaffnete Männer. Einer fordert die Verfolger auf, den Verdächtigen sofort loszulassen. Im gleichen Augenblick bricht der Kaufmann von einer Kugel im Kopf getroffen zusammen. Die drei Täter flüchten gemeinsam. Kurze Zeit später erliegt der Kaufmann seinen Schußverletzungen.

Interessant für die Ermittler: Der angeschossene 18-jährige Kosovo-Albaner wurde zuvor schon mit anderen Schießereien in Verbindung gebracht.

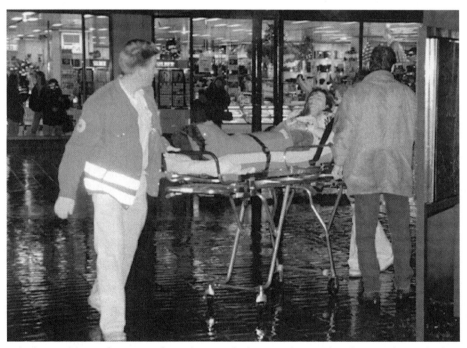

Schießerei auf der Großen Bergstraße, in dessen Verlauf ein 43-jähriger unbeteiligter Kaufmann durch einen Kopfschuß niedergestreckt und getötet wurde. Hier der Abtransport des angeschossenen 18-jährigen Kosovo-Albaners, dem das eigentliche Attentat galt.

169

Kosovo-Albaner

Das ganze Ausmaß der blutigen Bandenkriege zeigte das Jahr 1995. In den ersten zehn Monaten waren mindestens zehn Gewaltdelikte in Form von Schußwechseln und Messerstechereien mit drei Toten registriert worden, als es im November zu einem vorläufigen Höhepunkt kam. Auch wenn in diesem Fall keine Albaner beteiligt waren, so zeigte es doch wie brutal der Kampf um die Vorherrschaft auf dem „Kiez" geführt wird.

Gegen 2.45 Uhr stürmen mehrere bewaffnete Männer das türkische Bordell „Blue Night". Sofort fallen Schüsse. Aus dem Bordell wird zurückgeschossen. Bilanz der Schießerei: 2 Tote, 4 Personen lebensgefährlich verletzt. Der 42-jährige deutsche Anführer des Rollkommandos liegt tödlich getroffen vor dem Bordell. Bei ihm werden neben einer großkalibrigen Armeepistole, ein Revolver, drei Magazine, ein Stoßdolch und ein Kampfmesser gefunden. Auch seine kugelsichere Weste rettet ihm nicht das Leben. Im Lokal liegt die Leiche eines Türken. Zwei weitere Türken, der eine mit schweren Nieren- und Brustschüssen, der andere mit Stichverletzungen in der Brust liegen im Bordell auf dem Fußboden. Zwei weitere Personen, davon ein Bosnier mit schweren Brust- und Lungenverletzungen, werden in einem Krankenhaus und in einem Hotel ausfindig gemacht.

Während die Strafverfolgungsbehörden offiziell nicht so gern von einem Bandenkrieg zwischen Deutschen, Türken und Albanern sprechen, bringt es ein Ermittlungsbeamter, der nicht genannt werden will, auf den Punkt: „Das Rennen hatten wir schon verloren, bevor es überhaupt gestartet wurde. Die inneren Strukturen dieser ausländischen Banden sind für uns gewohnte deutsche Verhältnisse unvorstellbar verfestigt....Selbst wenn ihr ein Opfer haben, kommen wir kaum weiter. Diese Leute schweigen, sie würden eher sterben, als eine Aussage zu machen."

Der Machtkampf im Rotlichtviertel - Hannover

Der Kampf um die Macht im Hannoveraner Rotlichtviertel „Steintor" wird immer brutaler. Nach Ansicht der Hannoveraner Polizeiführung waren Ende 1996 die Geschäfte rund um die Ware Sex noch in den Händen deutscher Bordellbesitzer. Doch hinter dieser Kulisse wickeln Türken ihre großen Drogengeschäfte ab und Albaner versuchen ein Stück von diesem Kuchen mitzubekommen. Die letzteren verlagern ihre Tätigkeiten zunehmend in den Bereich des Rotlichtmilieus und in die Rauschgiftszene. Dabei nimmt die Brutalität zu und immer öfter sind Waffen im Spiel.

Bewaffnete Auseinandersetzungen in der Kleindealer-Szene

An zwei aufeinanderfolgenden Oktobertagen im Jahre 1994 gab es im Hannoveraner Rotlichtmilieu erste bewaffnete Auseinandersetzungen in der von Kurden beherrschten Rauschgiftszene.

Einen Tag später tauchen in den Abenstunden 12 mit Maschinenpistolen, Pistolen und Messern bewaffnete Albaner vor dem Restaurant „Sofra" im Steintorviertel auf. Gezielt suchen sie die Auseinandersetzung mit den Kurden. Aus der Gruppe heraus wird ein Kurde vor dem „Sofra" niedergestochen und schwer verletzt. Ein zweiter flüchtet in das Lokal, er wird verfolgt und erschossen. Ein weiterer Kurde, der sich im „Sofra" aufhält, wird durch Schüsse und Stiche ebenfalls schwer verletzt. Nach der Spurenlage waren die Tatwaffen zwei Maschinenpsitolen und eine Pistole. Täter: Kleindealer, die im Steintorviertel mit Heroin und Kokain handeln. Ziel: Verdrängung der Kurden aus dem lukrativen Rauschgiftgeschäft.

Vorausgegangen waren auch in Hannover weitere Gewalttaten. Vor einem Cafe wurde ein Jugoslawe erschossen, der im Drogenmilieu verkehrte. Bei einer Messerstecherei im Hütchenspielerbereich gab es zwei Schwerverletzte.

Ende 1994 und Mitte 1995 kam es zu weiteren Bluttaten. Ein 18-jähriger Kosovo-Albaner starb nach einem Bauchschuß und bei einer bewaffneten Auseinandersetzung vor einer Diskothek zwischen Türken und Kosovo-Albanern, blieb ein junger Türke tödlich getroffen auf der Strecke.

Bandenkrieg im Ruhrgebiet

Razzia in einer Dortmunder Diskothek

Schon wochenlang observierten Fahnder zwei Diskotheken im Dortmunder Bahnhofsbereich, bevor sie eine Razzia starteten. Grund: Die Lokale gelten als Treffpunkt von Türken und Albanern, jeweils 20 Mann stark, die sich seit längerem einen Bandenkrieg im Ruhrgebiet liefern. Vorausgegangen waren mehrere blutige Auseinandersetzungen. So „besuchte" die albanische Gruppe Mitte September 1994 ihre „türkischen Feinde" mit Baseballschlägern und einer scharfen Waffe. Bei einem zweiten „Besuch" wurde der Türsteher dieser Diskothek mit einem Oberschenkel-Steckschuß in ein Krankenhaus eingeliefert. Zu beiden Fällen machte er bei der Polizei keine Angaben. Ergebnis der Razzia: Acht Festnahmen, davon eine mit Haftbefehl, geringe Mengen Rauschgift.

Acht Tage später fielen wieder Schüsse.

Anfang Dezember wurde ein Mann aus dem Milieu von einer Frau niedergestochen. Der Mann verzichtete auf eine Anzeige. Kurze Zeit später wurde die Täterin krankenhausreif geschlagen." Interne Sanktion" heißt das im Polizeijargon.

Schießerei vor Albaner-Treffpunkt

Gerade einmal fünf Wochen nach der Großrazzia erschien vor der Diskothek um Mitternacht eine Gruppe von Albanern. Beim Betreten versetzte einer der Albaner einem Türsteher einen Stoß, der dazu führte, daß den Albanern kein Eintritt gewährt wurde. Sofort zog einer der abgewiesenen Gäste eine Waffe und schoß gezielt auf einen der Kontrolleure. Geistesgegenwärtig warf sich dieser zur Seite. Der Schuß verfehlte sein Ziel. Als das Wachpersonal seine Waffen zog, flüchtete der Anführer mit einem Porsche, der Rest flüchtete zu Fuß.

Schießerei im Nachtclub in Wanne-Eickel

In den frühen Morgenstunden eines Augusttages im Jahre 1996 fallen Schüsse vor der Mona-Bar in Wanne-Eickel. Zurück bleiben ein Toter, von zwei Kugeln getroffen, und ein Schwerverletzter. Beides 25- Jahre alte Albaner. Schußverletzungen trägt ein 30-jähriger Türke davon. Tatverdächtige werden in Gelsenkirchen und in Ludwigshafen festgenommen. Einer von ihnen hatte seine Schußverletzung von einem Arzt in Ludwigshafen behandeln lassen.

Schon des öfteren war die Bar in der Vergangenheit in die Schlagzeilen geraten. Wiederholt waren gegen die Betreiber Razzien und Ermittlungen wegen Menschenhandels und Prostitution zum Nachteil eingeschleuster osteuropäischer Frauen gelaufen. Beim Schußwechsel befanden sich auch diesmal drei Ukrainerinnen und zwei Polinnen in der Bar.

Als Hintergrund vermuten die Fahnder einen Machtkampf um die kriminelle Vorherrschaft zwischen Albanern und Türken im Ruhrgebiet.

Mit Maschinenpistole Rauschgiftschulden eingetrieben

Siebeneinhalb Monate glich das Gericht einer Festung, als gegen einen 25-jährigen Albaner in Dortmund verhandelt wurde, der mit brutaler Gewalt Schulden aus Rauschgiftgeschäften für eine albanische Gruppierung eingetrieben hatte. Eine Befreiung durch seine Landsleute wurde nicht ausgeschlossen. Die Große Strafkammer rechnete ihm eine nicht unerhebliche Rolle in der organisierten Rauschgiftkriminalität zu. Die Anklage lautete auf räubersiche Erpressung und gefährliche Körperverletzung in mehreren Fällen.

Die Hauptverhandlung zeigte welches Gewaltpotential bei ihm vorhanden war. Mal erschien er bei den Schuldnern mit Messer, Baseballschläger oder Waffe, er stach zu, schlug zu oder schoß einem Gläubiger in den Oberschenkel, mal hielt er eine Maschinenpistole an die Schläfe oder legte ein Kabel um den Hals. Einer der Anklagepunkte gipfelte darin, daß er einem Zeugen ein Messer 15 cm tief in den Kopf getrieben hatte.

Bei jeder Straftat hatte er sich mit einem gefährlichen zahlenmäßig großem Aufgebot von Landsleuten umgeben, die allein schon durch ihr massiertes Auftreten einschüchternd wirkten. Dieses Klima herrschte auch noch im Gerichtssaal. Zeugen, die zuvor eingeschüchtert worden waren, verweigerten die Aussage oder konnten sich an nichts mehr erinnern. Sie fürchteten schlichtweg um die Sicherheit ihrer Familien.

Weitere Beispiele gibt es aus anderen Bundesländern aus bereits abgeschlossenen oder noch laufenden Ermittlungen zu berichten. Sie würden aber den Rahmen dieses Kapitels sprengen. Dabei fällt vor allem auf, daß die Albaner nicht deliktstreu handeln, sondern eine breite Palette von Straftaten begehen. In den lukrativen Bereichen des Drogen- und Rotlichmilieus sind sie dabei, regionale Monopolstellungen zu erringen, um letztlich die Marktführung zu übernehmen. Die steigende Qualität der festgestellten Kriminalität ist an OK-Indikatoren wie

- **Konspiratives Täterverhalten**
- **Abschottung der Hintermänner**
- **Benutzen von Codierungen**
- **Aufbau von hierarchischen Strukturen**
- **Überregionale/internationale Täterverbindungen**
- **Fluchthilfe**
- **Rücksichtslose Gewaltanwendung**
- **Einschüchterung und Bedrohung von Zeugen**
- **Bereitstellen von Verteidigern**
- **Finanzielle Hilfe für Inhaftierte**

und nicht zuletzt

Kosovo-Albaner

- Bemühen um Kontrolle über bestimmte kriminelle Bereiche
zu erkennen.

Nach den vom Bundeskriminalamt bundesweit erhobenen Daten reicht das Spektrum vom Ladendiebstahl, über Eigentumsdelikte, Schutzgelderpressungen, Raubüberfälle, Brandstiftungen, über organisierte Schleusungs-, Menschenhandels- und Rauschgiftdelikte, bis hin zu Tötungsdelikten einschließlich Auftragsmord.

Auch wenn die Kriminalität von deutschen Behörden quantitativ und qualitativ unterschiedlich gesehen und beurteilt wird, so wächst doch ein bestimmtes OK-Potential heran, das nicht unterschätzt und verharmlost werden darf. Dazu bedarf es einer fortgeschriebenen Bekämpfungskonzeption, der Koordination und Analyse der laufenden Ermittlungsverfahren und eines spezifischen Informationsaustausches.

Den Grad der Gefährdung durch die albanische Kriminalität lieferte bereits 1995 ein Frankfurter Richter in seiner Urteilsbegründung, als er im „Auftragsmord-Prozeß" gegen den angeklagten Kosovo-Albaner resümierte: „Der Täter hat mit einem unbedingten Vernichtungswillen gehandelt und neue Verbrechensdimensionen eröffnet". Szenario 2000?! Ich hoffe nicht.

Quellenangaben

Scholl-Latour	Im Fadenkreuz der Mächte, Bertelsmann
Reißmüller	Der Krieg vor unserer Haustür, DVA
Fritzler	Das ehemalige Jugoslawien, Heyne
Rullmann	Kosovo-Albaner: das Pulverfaß, Rullmann-Verlag
Rullmann	Asylgründe für Albaner aus dem Kosovo
Rullmann	Vertreibung der Albaner vom Kosovo
Rullmann	Albaner in den Trümmern Jugoslawiens
von Kohl	Gordischer Knoten des Balkan, Europa-Verlag
Kelling	Wie schütze ich mein Eigentum, Rowohlt
Brockhaus	Enzyklopädie 1990
Meyers	Enzyklopädisches Lexikon 1975
Tampe	Verbrechensopfer, Boorberg-Verlag
Stephan	Stuttgarter Opferbefragung, BKA-Forschungsreihe
Villmov	Praxis der Opferentschädigung, BKA-Forschung
BKA	Poliz. Kriminalstatistik 1989-1990-1991-1992
Rehm/Servay	Wohnungseinbruch aus Sicht der Täter, BKA
Schuster	Die Unterwelt des Freihandels, Kriminalistik
KOSOVA	Bulletin...der Republik KOSOVA, 1992 (mehrere Ausgaben)

Zeittafel

6. Jhd.	Slawen besiedeln den Balkan
1386	Türken erobern Nis
1389	Schlacht auf dem Amselfeld. Am 28.6. verlieren die Serben gegen die Osmanen. Serbien wird Bestandteil des Osmanischen Reiches
1392	Türken erobern Skopje, beherrschen den ganzen Balkan
1689/90	Die große Migration von mehr als 30 000 serbischen Familien aus dem Kosovo in das Gebiet der Habsburger Militärgrenze
1876	Anti-türkische Aufstände in Mazedonien und Bulgarien
1878	Berliner Kongreß, Serbiens Unabhängigkeit wird bestätigt
1882	Serbien wird Königreich

Kosovo-Albaner

1912	Erster Balkankrieg, Verdrängung der Türken vom Balkan. Albanien wird unabhängiges Fürstentum
1928	Albanien wird Königreich
1944	Befreiung Belgrads durch Titos Truppen
1946	Gründung der Volksrepublik Albanien unter Enver Hodscha
1946	Tito wird Regierungschef, neue Verfassung
1968	Austritt Albaniens aus dem Warschauer Pakt. Enge Anlehnung an Peking
1980	Tito stirbt
1.4.81	Unruhen im Kosovo
1985	Enver Hodscha stirbt
1988	Massendemonstrationen der Albaner im Kosovo gegen die serbische Politik
28.3.89	Serbien hebt den Autonomiestatus von Kosovo und Vojvodina auf
	Milosevic wird zum Präsidenten der serbischen Republik gewählt
1990	Neue Unruhen im Kosovo. Belgrad stellt den Kosovo unter Zwangsverwaltung und verfügt die Absetzung der Regierung und die Auflösung des Regionalparlaments
1992	Im Kosovo wählen die Albaner ein Parlament und Ibrahim Rugova zum Präsidenten
1992	Das albanische Parlament wählt Sali Berisha zum Staatspräsidenten
1997	Unruhen in Albanien, Eingreifen einer UN-Schutztruppe, Rücktritt des Sali Berisha und im Juli Wahl des neuen Präsidenten Quemal Mejdani